四川师范大学巴蜀文化研究中心2023年度项目：
"苏氏"家训家风融入大学生社会主义核心价值观教育研究（BSYB23-29）。
2023年度成都市哲学社会科学规划项目：
"三苏"家风融入在蓉高校大学生思想政治教育研究（YN0120231248）。

高校学生就业能力提升研究

廖洪文 / 著

图书在版编目（CIP）数据

高校学生就业能力提升研究 / 廖洪文著. —成都：四川大学出版社，2023.6
ISBN 978-7-5690-5965-6

Ⅰ. ①高… Ⅱ. ①廖… Ⅲ. ①高等学校－毕业生－就业－研究－中国 Ⅳ. ① G647.38

中国国家版本馆CIP数据核字（2023）第017864号

书　　名：高校学生就业能力提升研究

Gaoxiao Xuesheng Jiuye Nengli Tisheng Yanjiu

著　　者：廖洪文

选题策划：庄　溢
责任编辑：庄　溢
责任校对：刘一畅
装帧设计：墨创文化
责任印制：王　炜

出版发行：四川大学出版社有限责任公司
　　　　　地　址：成都市一环路南一段24号（610065）
　　　　　电　话：（028）85408311（发行部）、85400276（总编室）
　　　　　电子邮箱：scupress@vip.163.com
　　　　　网　址：https://press.scu.edu.cn
印前制作：成都墨之创文化传播有限公司
印刷装订：四川盛图彩色印刷有限公司

成品尺寸：170 mm×240 mm
印　　张：13
字　　数：156千字

版　　次：2023年11月 第1版
印　　次：2023年11月 第1次印刷
定　　价：68.00元

本社图书如有印装质量问题，请联系发行部调换

版权所有 ◆ 侵权必究

扫码获取数字资源

四川大学出版社
微信公众号

前 言

随着我国高等教育规模的不断扩大，高校学生就业难的问题日益突显，受到社会各界的广泛关注。本书从人口学、教育学和职业心理学等综合学科角度，从人口素质提升、人力资本投资、宏观人力资源开发的理论角度出发，梳理国内外高校学生就业能力研究文献，从理论研究和实证分析两个维度探讨了在新时代背景下高校学生就业能力提升问题，探寻切实可行的就业能力提升路径，力图为解决我国高校学生"就业难"问题提供突破口。本书还从高校发展的角度进行思考，既符合高校作为高等教育推广者与实施者的角色要求，又充分契合高校努力实现教育目标、推动中国高等教育发展的职责内涵。

本书以普通高校本科生就业能力为研究对象，通过文献研究法、问卷调查法、访谈法建立起以教育学、管理学、心理学、经济学、社会学等多学科经典理论内涵为基础的分析框架，其中涵盖了影响本科生就业能力提升的内在机理、诱导因素等全方位的分析总结。

本书以完整呈现出研究对象的内在演进逻辑为目标，充分结合经典理论及我国现实国情，全面参考借鉴国内外相关研究成果，力争提出具有针对性、时效性、科学性的创新观点。

本书的主要结构为：

第一章绪论。首先，对相关概念进行了解析。对于关键词"高校学生就业能力"，笔者认为主要是指大学生实现就业理想、满足社会需求、实现自身价值的能力。其次，对国内外研究现状进行了梳理，结合我国发展情况，认为对高校学生就业能力提升的研究具有较强的政治意义、现实意义、理论意义等。再次，对高校学生就业能力存在的问题和现状进行了梳理，认为当前高校学生因心理和态度上的偏差，知识结构不完备，责任感、职业道德不足，社会适用能力、创新能力不强，于就业和发展上存在一定的短板。最后，明晰了本研究的重难点和创新点。

第二至五章，从学生、高校、用人单位和政府四个视角来阐述大学生就业能力培养的路径与措施。笔者认为，学生应发挥主体作用，合理进行学习规划、就业规划，提升综合素质，增强社会适应能力，培养良好的心理素质和职业精神；高校应发挥教育引领作用，做好基于学生就业能力培养的战略定位，抓好学科建设、人才培养和课程体系建设、师资队伍建设，优化创新就业及创业指导、职业生涯规划教育等；用人单位应发挥导向作用，建立科学的人力资源制度，明晰职业能力标准，同时增强与高等院校的合作、交流，充分发掘人才，建立校企合作培养模式；政府应完善稳定就业的政策措施，建立国家层面的大学生通用就业能力框架体系，推动高等教育内涵式发展，强化对高校的分类指导，推动中国高等教育的国际化，提高我国的高等教育影响力、灵活性和应变性。

　　由于资源和条件限制，本书的研究还存在一定的局限。第一，在论证依据中理论依据较多，调查研究还不够。第二，本研究将重点放在了普通本科学校，未对不同层次和不同类型的高校进行分类分层研究和比较。第三，仅对大学生就业能力的构成和影响因素进行研究、调查和测量，没有对大学生的就业能力的强弱进行测量。

目 录

第一章 绪论 /01

第一节 相关概念解释 /02

第二节 国内外高校学生就业研究相关成果 /06

第三节 就业能力提升研究背景与意义 /11

第四节 就业能力存在的问题及现状 /19

第五节 重难点和创新点 /32

第二章 发挥学生主体作用，提升核心竞争力 /35

第一节 强化学习规划能力 /36

第二节 强化职业规划能力 /45

第三节 培养社会适应的能力 /55

第四节 培养良好的心理素质 /65

第五节 形成良好的职业精神 /75

第三章 发挥高校教育引领作用，提升学生就业能力 /87

第一节 明确高校办学定位 /88

第二节　优化高校人才培养和课程体系 /92

第三节　高校就业指导师资队伍的建设 /106

第四节　高校就业能力培养指导 /112

第五节　国外高校的实践 /145

第四章　发挥用人单位导向作用，加强就业指导与服务 /151

第一节　制定科学的人力资源管理制度，明晰人才雇用甄别要素 /153

第二节　增强与高等院校的合作，建立校企合作培养模式 /159

第三节　加强校企交流，提高责任教育的有效性 /167

第四节　建立校企继续教育交流对话机制 /169

第五节　职业发展规划与社会实践 /170

第六节　毕业生与用人单位的关系 /173

第五章　全面加强稳就业政策措施，发挥政府在稳就业中的积极性与主动性 /179

第一节　国家层面对促进大学生就业的相关政策 /180

第二节　地方政府促进高校毕业生本地就业的对策和研究 /186

参考文献 /191

后记 /199

绪 论

第一节 相关概念解释

一、就业能力

就业能力（Employ ability）的概念最早出现在20世纪初的英国，由英国经济学家贝弗里奇（William Beveridge）于1909年首先提出。他认为就业能力即"可雇用性"，是指个体获得和保持工作的能力。20世纪80年代后期，美国的一些学者对此概念进行了修订，认为就业能力是一个获得最初就业、维持就业和重新选择、获取新岗位的动态过程，在强调就业者就业能力的同时，加入了就业市场、国家经济政策等宏观方面，更全面地阐释了就业能力的整体概念。2005年，美国教育与就业委员会再次明确就业能力概念，提出就业能力可以被理解为"可雇用性"，不仅包括狭义上找到工作的能力，还包括持续完成工作、实现良好职业生涯发展的能力。[1] 英国教育与就业委员会认定就业能力为"获得和保持工作的能力"。进一步讲，就是"在劳动力市场内通过充分的就业机会来实现潜能的自信"。学者Fugate则认为就业能力是个体在其在职期间，确认和实现在组织内部或外部职业机会的能力。[2]

---

[1] 赵天睿、白洪涛、司卫乐：《大学生就业指导》，湖南师范大学出版社，2018年版，第27页。
[2] 苏敏：《英国高校提升大学生就业力的策略研究》，东北师范大学硕士论文，2007年，第6页。

第一章 绪 论

21世纪，针对就业能力的研究已经拓展到更多的层面，局面也变得更为复杂，不同的学者从政府、高校、劳动力市场、劳动者等多个方面来研究就业能力，采用了多种研究方法，并给出了很多有益的建议。

当前就业能力研究的环境下，无边界职业生涯[1]的出现使劳动者对提高就业能力的渴望达到了前所未有的高度。无边界职业生涯要求劳动者能够在不同的岗位、职能、角色和组织之间流动。这种变化和流动要求劳动者的就业能力也必须是动态和发展的，并涵盖内部就业能力（维持在现有组织中工作的意愿和能力）和外部就业能力（转换到其他组织工作的意愿和能力）两个重要部分。

可以说，就业能力已经不再单纯是某种特定的工作能力，而是与21世纪社会发展环境相匹配的一系列基本且重要的知识、技能和态度等核心要素的组合，并且具有跨越行业边界的可能性。

》二、高校学生

高校毕业生如果选择就业或创业，就面临着从校园环境进入职场环境、从学生角色转变为职业角色等挑战，迈入职场前急需解决如何获得就业机会、如何立足职场、如何应对压力并保持可持续发展潜力等一系列问题。

这一群体即是本书的主要研究对象。但由于"高校学生"包括本专科院校及专门学院中的学生，体量较大，为提高研究的精确性，本书将

---

1 无边界职业生涯，由德菲利佩和亚瑟（DeFillippi & Arthur）于20世纪90年代提出，定义为"超越某一单一雇用范围设定的一系列工作机会"。参见武欣：《人力资源管理——管理学与心理学的整合应用》，中国轻工业出版社，2014年版，第314页。

所研究的"高校学生"范围缩小，后文涉及的"高校学生""大学生"等主要针对普通高校本科学生。

三、高校学生就业能力

高校学生就业能力的内容包括自主学习和终身学习能力、实践能力、创新能力等。由于对就业能力的认识存在一定的偏差，部分教育工作者甚至认为就业能力等同于获得工作的能力，在高校学生就业能力培养上过于强调培养学生的专业知识、技能，强调应聘、面试技巧等，忽略对学生的综合素质能力培养和职业生涯规划引导，从而影响学生长远的职业发展。因此，对于高校学生就业能力，众多学者展开研究，从不同角度与主体出发，对其概念做了较为具体的界定。[1]

郑晓明认为高校学生就业能力"不单纯指某一项技能、能力，而是学生多种能力的集合"。他指出这一概念是对学生各种能力的全面包含，"在内容上，它包括学习能力、思想能力、实践能力、应聘能力和适应能力等。学习能力是指获取知识的能力，它是就业能力的基石；思想能力是指思维能力（包括创新能力）和政治鉴别力、社会洞察力、情感道德品质的综合体现，它是大学生思想成熟与否的标志；实践能力是指运用知识的能力，是就业环节中的点睛之笔，是各种能力综合应用的外化体现；适应能力是指在各种环境中驾驭自我的心理、生理的调节能力，是大学生就业乃至完成由学生角色向社会职业角色顺利转变的关键"。[2]

---

[1] 部分学者使用的是"大学生就业能力"，鉴于意义的重叠性，笔者将其等同于"高校学生就业能力"。
[2] 郑晓明：《"就业能力"论》，《中国青年政治学院学报》2002 年 5 月。

第一章 绪 论

王腊梅认为，高校学生核心就业能力是为适应就业市场的变化而提出的；当代高校学生的就业能力主要是指大学生实现就业理想、满足社会需求、实现自身价值的能力；主要体现在大学生的职业目标是否明确、知识技能是否扎实、就业心态是否端正、是否具有适应岗位的实践能力等方面。[1] 熊书银等将其定义为"大学生应聘求职，获得就业机会，获取就业岗位的能力"[2]。

赵冬将高校学生就业能力总结为"获得和保持工作的能力，进一步讲就是个体能够满足组织需要，并且保持职业的能力和特质"。[3]

综上所述，不同时代和不同背景下，基于不同的研究视角，学者们对于就业能力的定义也有所不同，到目前为止还没有统一的界定。大部分学者比较倾向于从广义和狭义两方面来理解其内涵。

狭义的高校学生就业能力，主要是指大学生自身所具备的能成功就业的能力。大学生在求职应聘时，不论是对招聘信息的搜索收集能力、对个体自身与岗位匹配度的分析能力，还是面试及笔试阶段所表现出的语言表达能力、发现问题能力、与人沟通能力、写作能力等，都是其就业所必需的通用能力。广义的高校学生就业能力，主要强调大学生在成功就业的前提下还要有潜在的创新发展及自主学习等能力。

结合前文对高校学生的定义，本书将高校学生就业能力定义为普通高校本科学生所具有的获得就业机会和保持工作稳定性的各种能力与条

---

1 王腊梅：《当代大学生核心就业能力培养与提升》，《现代商贸工业》2016年第7期。
2 熊书银、黄登婕：《大学生就业与就业能力培养》，《重庆工业高等专科学校学报》2005年第1期。
3 赵冬：《大学生就业能力自评量表的初步编制》，四川师范大学硕士论文，2009年，第9页。

件的总和。笔者认为高校学生就业能力具有以下特点。第一，独特的个体性。高校学生就业能力体现出了整体与个体之间的矛盾关系。一方面，就业能力的培养依靠整体培养模式，但个体的发展又不同于整体的发展趋势，其发展具有独特性；另一方面，整体的培养成效通过个体体现，不存在两个就业能力表现无差异的个体。第二，直接的针对性。大学生能否顺利就业是检验大学生能力的标准。第三，发展的动态性。就业能力的培养是一个发展的过程，具有鲜明的阶段性，不同阶段的就业能力培养目标不同。

第二节 国内外高校学生就业研究相关成果

一、国外研究成果

20世纪以来，西方发达国家就将就业管理与服务纳入国家教育体系，通过研究高校毕业生就业问题，以改善就业管理与服务来实现对劳动力资源的合理分工与配置，促进社会稳定，保障受教育家庭权益与大学生个人的发展。

温玲子、魏雷指出美国是最早使用"就业指导"这一概念的国家，1908年，弗兰克·帕森斯在美国创办了第一个职业指导机构——波士顿地方职业局。美国的高校十分重视毕业生就业，也在其中扮演着重要

第一章 绪论

的角色，美国有超过半数的学生是通过学校的就业指导服务中心找到自己的第一份工作的。[1] 美国人萨帕（Super）在1953年构建起了"以职业生涯规划和职业生涯指导为主要内容的就业指导服务体系"，并首次将发展的观念引入职业生涯教育。[2] 这是美国高校的"发展式"就业指导模式的来源。

周红、夏义堃分析了英国高校就业指导服务的发展历程，特别指出了1964年在大学校长委员会支持下提交的赫沃兹报告（Heyworth Report）。这份报告建议各大学成立就业指导中心全面负责毕业生的就业教育与指导咨询服务等，并在此基础上勾画了英国高校就业指导服务的基本框架。[3]

王占仁以英国里丁大学和巴斯大学为个案，以点带面地分析英国高校学生就业服务体系，并指出该体系主要有三个方面，即以提高用人单位价值体验为中心的市场建设工作、以提高学生受雇能力为中心的咨询指导工作、以职业发展为中心的信息工作。[4]

陈瑞武、曲铁华通过研究日本大学生就业管理体制和运行机制，指出日本在大学生就业方面采用的是统一就业制度，"与美、加等西方国家以咨询为中心的就业指导模式相比，日本的就业指导是一种以就业信息为中心内容的模式，这种模式的出发点是通过各种方式向学生提供用

---

1 温玲子、魏雷：《美国大学生就业服务体系及其对我国的启示》，《文教资料》2010年第5期。
2 林彬：《中美学生事务管理的比较》，知识产权出版社，2014年版，第170页。
3 周红、夏义堃：《英国高校就业指导服务的发展启示》，《江苏高教》2006年第5期。
4 王占仁：《英国高校学生就业服务体系的启示与思考——以英国里丁大学和巴斯大学为个案》，《中国高教研究》2010年第10期。

人信息，着眼点是直接帮助学生找到一个用人单位，其效果主要通过就业率来衡量"。通过分析日本高校毕业生就业指导体系的特点，他们还指出日本奉行劳动管理的法律主义，即"与劳动相关的重要事务都以国家的法律形式来规定的社会准则"，同时为推动毕业生就业工作，形成了非常完备、立体的职业指导、援助和服务体系。[1]

二、国内研究成果

随着高等教育的快速发展，我国高等教育进入了大众教育阶段。学者们广泛关注高校学生就业问题，并对此进行了深入的研究，主要成果集中于以下几个主题。

第一，关于高校就业指导工作和大学生职业生涯规划辅导。张冕在分析高校就业指导课教学方面的问题时指出，"就业指导课在教学内容上，缺少统一规范的知识体系；在教学人员上，缺少具备专业知识的人才；在教学计划上，缺少科学合理的安排"，并且提出，只有加强就业指导理论研究，提高就业指导教师素质以及制订符合学生实际需求的教学计划，才能更好地发挥就业指导课的作用。[2] 程克坚提出要在落实"以学生为本"的教育思想基础上，建立高校多元化就业指导体系，"把就业指导渗透到学校教育、教学、管理、服务工作和活动的所有环节，贯穿到大学生自身大学生活的全过程，形成高校就业指导工作的'全程化、

---

[1] 陈瑞武、曲铁华：《日本大学生就业管理体制和职业指导现状及启示》，《中国高教研究》2005年第1期。
[2] 张冕：《关于高校就业指导课教学工作的思考》，《思想政治教育研究》2008年第3期。

全员化、专业化和信息化'的运行模式"。[1]

第二，关于高校就业管理的改革与创新。周太良通过分析高校现行就业工作机制存在的缺陷，提出新形势下高校就业工作管理创新的想法，包括创建现代教育体制、构建高校毕业生就业政策新体系、培育更加完善的毕业生就业市场、注重就业市场的调研和预测、不断提高就业指导工作人员的素质、建立稳定的就业基地、鼓励毕业生自主创业、建立毕业生就业评估的监督机制。他还强调，就业工作中的机制创新"是推动就业工作上台阶、上层次的必由之路"。[2] 冯玲、李博伟在分析新常态下高校就业工作面临的挑战与机遇后指出，"要在高校整体发展的高度进行统筹协调，加强顶层设计，建立和完善一整套适合经济新常态下市场对人才需求的创新培养体系，以教学改革为根本，以创业创新教育为突破，充分调动整合各方面资源，在满足社会需求的前提下，不断提升高校人才培养质量，提高大学生的职业能力与创新能力，形成人才培养与人才使用的良性循环"。[3]

第三，关于高校毕业生就业质量分析评价和就业难的原因分析。柯羽指出："通过引入毕业生供需比、薪金水平、就业结构等五个一级指标和需求单位层次、自主创业率、就业地域等10个二级指标构建高校毕业生就业质量评价指标体系，并对指标内涵加以解析。"[4] 王霆指出，

---

[1] 程克坚：《新形势下构建高校多元化就业指导体系的思考》，《教育探索》2007年第7期。
[2] 周太良：《试论新形势下高校就业工作机制的创新》，《教育与职业》2006年第27期。
[3] 冯玲、李博伟：《新常态下高校就业管理工作创新的策略与方法》，《高等财经教育研究》2015年第3期。
[4] 柯羽：《高校毕业生就业质量评价指标体系的构建》，《中国高教研究》2007年第7期。

"从个体特征、接受教育状况、参加实践状况等方面考察大学生对就业满意度主观评价的显著性差异,探讨对我国高校毕业生就业质量产生影响的相关因素"。[1] 焦勇通过"对大学生就业困难本质的认识,从劳动力市场二元分割结构、国家经济产业结构、大学生就业的组织管理、高等教育的改革发展等四个方面,剖析大学生就业困难的深层原因"。[2]

第四,关于拓宽毕业生就业途径的方式。史辉指出我国政府在促进高校毕业生就业中的作用日益重要,"政府促进高校毕业生就业的有效途径有努力发展经济、促进高校毕业生就业,进一步加大政府主管部门的调控力度,优化就业政策、保障大学生就业,规范就业市场、完善多元化就业服务体系,加强高校管理和评估干预、引导高校加快改革"。[3] 刘中合等人分析指出,一方面,政府应该成为破解大学生就业难的主导力量,通过扩大内需来拉动就业市场,增加就业岗位,为毕业生提供更多就业机会,同时在政策上鼓励毕业生到基层就业、自主创业等;另一方面,高校应为破解大学生就业难主动作为,要强化毕业生就业服务和就业指导,积极开展职业规划教育,加强创业教育,鼓励和支持毕业生自主创业,深化改革,提高人才培养质量。[4]

通过文献梳理可以发现,学者们对于高校就业工作和高校学生就业能力提升的研究成果较为丰富,主要采用以下两个路径:首先是研究与

---

1 王霆:《我国高校毕业生就业质量影响因素调查研究》,《高教探索》2015 年第 11 期。
2 焦勇:《大学生就业困难的深层原因剖析》,《教育与职业》2011 年第 14 期。
3 史辉:《政府促进高校毕业生就业的作用及其实现途径》,《南都学坛》2010 年第 1 期。
4 刘中合、杨鲁宁、尹磊昌等:《金融危机视角下大学生就业问题研究与探索》,《山东工商学院学报》2010 年第 4 期。

第一章 绪论

高校毕业生就业相关的主客观因素,分析就业难问题产生的原因,并提出相应的改进措施;其次是从政治学、教育学、社会学、经济学和心理学等视角来探讨高校学生就业问题,进一步丰富学术理论。但是我们也应该看到当中存在的不足之处:偏重于理论研究,实证研究不够;虽然已有学者开展了跨学科理论研究,但研究成果不多。因此,本书以普通高校本科生的就业能力现状为切入点,研究和探讨普通高校就业工作,通过查找问题和分析原因,提出对应的改进措施。

第三节 就业能力提升研究背景与意义

一、研究背景

美国著名学者伯顿·克拉克曾指出:"要是近代大学是一座知识的动力站,那么一个国家的发达的高等教育系统就是一个规模大了很多倍的智慧力量的中心。"[1]可以看出,高等教育系统在国家发展中占有重要的地位,高等教育的发展水平决定着国家高层次人才的数量和质量。在未来社会的发展中,国家之间的竞争就是人才之间的竞争,人才的发展决定着国家社会经济发展的速度。目前,各国政府都以培养高素质人才为重要目标,而优化高等教育结构、提升教育水平是实现此目标的主

---

1 梅新林、周瑞法:《教育文化学》,光明日报出版社,1998年版,第316页。

要途径。

美国社会学家马丁·特罗通过对西方工业化国家高等教育的研究，把高等教育发展分为三个阶段：第一阶段称为精英高等教育阶段，高等院校仅能容纳15%以下的适龄人口接受高等教育；第二阶段称为大众化高等教育阶段，高等院校能容纳15%~50%的适龄人口；第三阶段称为普及化高等教育阶段，高等院校能容纳50%以上的适龄人口。[1]这种划分为高等教育发展水平提供了一种衡量标准。从世界范围来看，20世纪70年代到80年代末，全世界高等教育毛入学率从8.5%增长到13.5%，此时，发展中国家为8.3%；从1999—2007年，全世界高等教育毛入学率平均每年提高1个百分点，从18%提高到26%，发达国家平均达到了70%。[2]国务院于1999年批准教育部《面向21世纪教育振兴行动计划》，提出到2010年我国高等教育入学率要接近15%。2023年1月，教育部相关数据显示，我国已建成世界最大规模高等教育体系，在学总人数超过4430万人，高等教育毛入学率从2000年的12.5%提高至2021年的57.8%，我国高等教育已进入世界公认的普及化阶段。[3]

2017年国务院《关于做好当前和今后一段时期就业创业工作的意见》便明确指出："就业是十三亿多人口最大的民生，也是经济发展最

---

[1] 朴雪涛：《重建中国精英高等教育》，黑龙江人民出版社，2002年版，第2页。
[2] 本社编：《中国教育竞争力报告2010》，教育科学出版社，2011年版，第188页。
[3] 教育部网站：《我国高等教育进入普及化阶段》，http://www.moe.gov.cn/jyb_xwfb/s5147/202301/t20230111_1038961.html；教育部网站：《我国受教育权保障水平显著提升》，http://www.moe.gov.cn/jyb_xwfb/s5147/202108/t20210813_550912.html。

基本的支撑。"[1] 习近平总书记也反复强调，就业是最大的民生。教育、就业、社会发展，三者密不可分。目前，我国经济已转向高质量发展阶段，以国内大循环为主体、国内国际双循环相互促进的新发展格局加快构建，这为就业长期稳定创造了良好条件；新一轮科技革命和产业变革深入发展，就业创业机会日益增多；新型城镇化、乡村振兴孕育巨大发展潜力，新的就业增长点不断涌现；劳动力市场协同性增强，劳动力整体受教育程度上升，社会性流动更加顺畅，为促进就业夯实了人力资源支撑；人口结构与经济结构深度调整，劳动力供求两侧均出现较大变化，产业转型升级、技术进步对劳动者技能素质提出了更高要求。

但是，随着我国高等教育规模的不断扩大，高校学生就业难的问题也日益突显，受到社会各界的广泛关注。目前，高校学生就业现状最大的特点就是：就业基数大，就业人数增长迅速。经过多年寒窗苦读，终于可以跨出校门回报社会的大学生有着在职场中一展风采的渴望。但是因种种主客观因素的影响，毕业后仍然没有找到合适的工作，不得不处于无业状态的大学生人数不断增加。导致"就业难"的主要原因有以下两个。

第一，当前高校培养学生的就业供给与用人单位岗位需求之间存在错位的情况。目前我国正处于一个社会快速转型期，产业结构变化快，企业普工难招问题略有缓解，但技术工人短缺问题更加突出。[2] 大部分

---

[1] 中共中央党史和文献研究院：《十八大以来重要文献选编》（下），中央文献出版社，2018年版，第680页。
[2] 国务院研究室编写组：《十三届全国人大五次会议〈政府工作报告〉辅导读本》，人民出版社、中国言实出版社，2022年版，第121页。

大学生接受的是学术型教育，而非技能教育，尽管近年来国家大力倡导开展职业技能培训，但随着企业技术升级改造步伐加快，企业招工难与劳动者就业难的结构性矛盾依然突出。同时，大学生的理想工作与其就业能力不相匹配，且部分学生的就业能力也达不到用人单位的要求，因此用人单位招不到合适的人才，而大学生找不到理想的工作。

第二，高校毕业生总量与社会劳动力需求数量不平衡，呈现供大于求的常态。教育部、人力资源和社会保障部2023届全国普通高校毕业生就业创业工作网络视频会议指出，全国普通高校毕业生规模预计达1158万人，比2022年同比增加82万人。[1] 这使得本就严峻的大学毕业生就业形势更加不容乐观。伴随着中国对教育事业的重视与发展，高等教育发展、高校大规模扩招，大学生数量一直处于一个递增的趋势，就业基数逐年增大，其增长速度与需求岗位数量的增长速度并不一致，使大学生面临巨大的就业压力。加之2020年我国遭遇新冠肺炎疫情，毕业生的留学深造渠道受限、各行各业岗位需求的减少使就业竞争形势更为严峻。相关数据显示，2022年12月举办的公务员考试、研究生入学考试等报考人数均突破新高。

投入高等教育的背后往往承载着大学生及其整个家庭对回报的期望。"毕业即失业"的大学生，有的患上了"失业恐惧症"，有的则选择"躺平"成为"啃老族"。这对大学生个人及其家庭产生了巨大的冲击，长此以往，也会使整个高等教育体制备受质疑，由此引发的社会问

---

[1] 教育部网站：《教育部 人力资源和社会保障部部署做好2023届全国普通高校毕业生就业创业工作》，http://www.moe.gov.cn/jyb_xwfb/gzdt_gzdt/moe_1485/202211/t20221115_991529.html。

题更将超乎想象。

促进社会稳定和谐、保障大学生群体顺利就业、解决"就业难"问题是政府、社会、高校和大学生及其家庭的迫切愿望。在众多的影响因素中，大学生的就业能力是解决"就业难"问题最为关键且基础的一环，对于大学生自身来说也具有很强的现实性。在一定程度上，大学生个体的就业能力对于其能否成功就业起着决定性的作用，这也是大学生的就业能力提升一度成为学者和专家们的关注焦点的原因。甚至有调查明确显示，当前大学生就业难的根源在于大学生就业能力的严重不足。

综上所述，大学生就业难和国家稳就业之间的矛盾、"就业鸿沟"的现实存在、用人单位在招聘时对大学生除学历学位之外的就业能力强弱的重点考察、"毕业即失业"问题的日渐显现，都揭示了提升高校学生就业能力的重要性。

二、研究意义

大学生是承担中华民族复兴大任的时代新人，在我国未来的现代化进程中将发挥不可忽视的作用。就业是大学生人生的重要转折点，是他们追求理想、实现自我社会价值的新起点。因此，研究如何提升大学生就业能力这一问题意义重大。

（一）大学生就业能力提升研究是国家实施人力资源强国战略的要求

人力资源是推动社会经济发展的第一资源。面对日趋激烈的全球性人才竞争，要强化现代化建设人才支撑，培养造就大批德才兼备的高素质人才,加快建设世界重要人才中心和创新高地;要加快储备国家战略人才力量,努力培养造就更多战略科学家、科技领军人才、青年科技人才、卓越工程师、大国工匠、高技能人才。实施人力资源强国战略的首要任务是建立起先进的现代化教育体系,练就具有竞争力的综合性教育与培养能力,努力推动我国从人力资源大国向人力资源强国迈进。高等教育的高质量发展是国家实施人力资源强国战略的重中之重。国家提出要重点提高高等教育质量,推进高等教育大众化,培养领军式的专业科技人才。为推进人力资源强国战略,《国家中长期人才发展规划纲要(2010—2020年)》明确提出我国人才发展的总体目标是"培养和造就规模宏大、结构优化、布局合理、素质优良的人才队伍,确立国家人才竞争比较优势,进入世界人才强国行列,为在本世纪中叶基本实现社会主义现代化奠定人才基础",同时也提出了大幅提高人才素质、进一步优化人才结构的细化目标,即"主要劳动年龄人口受过高等教育的比例达到20%,每万劳动力中研发人员达到43人,高技能人才占技能劳动者的比例达到28%"。我国高等教育质量的优劣决定了大学毕业生综合素质的高低,而大学毕业生是国家的高素质人才,对国家核心竞争力的影响巨大。对大学生就业能力提升的研究及实践,将有助于提高大学生的综合素质,帮助其获得合适的就业机会和发展机会,促进国家高等教育事业的发展,助推国家人力资源强国战略的实施。

(二)大学生就业能力提升研究的理论意义丰富

首先,从学生个体、高校、用人单位和政府四个视角进行科学分析,能较为全面、客观地总结出高校大学生就业能力不足的原因，有助于完善相关就业理论研究的素材。其次，通过搜集整理国内外相关文献，呈现国内外先进的就业工作模式，结合当前高校就业管理工作的实际情况及我国大学生就业创业相关政策，能为促进大学生更好地就业提出相应策略，并从中归纳出具有普遍性的经验，为我国当前高校大学生就业工作的改进提出合理性建议，为该领域的理论研究提供更多参考。最后，本书试图在国内外相关大学生就业能力提升研究的基础上，进一步解构大学生就业能力的维度，丰富大学生就业能力的内涵，为提高大学生就业能力提供丰富的理论依据，为后续研究者提供大学生就业能力测评工具。

（三）大学生就业能力提升研究有助于和谐社会的发展

每年有众多普通高校应届本科毕业生处于待就业状态。就业问题已经影响了和谐社会的发展，成为社会矛盾的源头之一。于个人而言，大学生找不到工作，会产生强烈的挫败感，陷入自我怀疑，引发大量不良情绪。自身心理压力过大，将影响大学生正常的学习、生活和工作，甚至有可能引致违法犯罪行为。于家庭而言，子女教育费用是家庭的一项非常大的支出。在大学生毕业找不到工作时，家长高投入背后望子成龙、望女成凤的心理会受到极大的打击，容易产生不平衡感。同时，子女的待就业不仅无法让部分家庭的经济负担得到缓解，反而会进一步加大父母的经济压力、积累家庭内部的矛盾因素。于社会而言，大学生"就业难"会让"读书无用"言论更甚，不利于我国教育事业的发展及社会的和谐稳定。此外，大多数刚毕业的大学生潜意识里仍未进入"成人"的角色，对自己无限包容的同时，对工作的期望值却非常高，极易产生用工矛盾，形成消极的用工氛围。

（四）大学生就业能力提升研究为高校教育改革工作提供支撑

高校大学生的就业状况差异是各高校育人成效的体现，反映了各高校办学定位和人才培养与我国社会经济发展的联系紧密度。近年来，高校面临着推动"就业—招生—培养"联动机制改革的要求。具体表现在以下几个方面。

首先，改革要求高校优化学科专业设置，重点布局社会需求强、就业前景广、人才缺口大的学科专业，对就业率过低、不适应市场需求的学科专业及时调整。高校毕业生就业状况成为高校"双一流"建设绩效评价、本专科教学评估、学科评估、专业设置与管理等的重要依据。

其次，改革要求高校研制发布就业状况白皮书，发挥就业大数据对高校招生计划安排、人才培养方案调整的作用，不断提高人才培养和社会需求的契合度。

其三，改革要求高校实施供需对接就业育人项目。征集相关用人单位对人才培养合作的需求，定期发布就业育人项目指南，在定向人才培养培训、就业实践实习基地建设、人力资源提升等方面促进校企供需对接。用好项目资源，强化组织动员，积极对接用人单位，确保项目实施效果。

其四，改革要求高校以实施就业育人项目为抓手，深化产教融合、校企合作，培养更多实用型、复合型和紧缺型人才。

可以说，高校教育改革的成效与高校学生就业情况关系紧密。高校大学生就业能力提升研究包括大学生就业能力结构分析、大学生就业能力素质模型探索等，能为普通高校的教育改革工作提供理论及实践支撑。具体来讲，为高校的培养目标、培养模式、培养举措的设计等提供指导，助推高等教育长远发展。

第四节　就业能力存在的问题及现状

我国经济已进入高质量发展阶段，但由于我国人口基数大，区域发展不平衡，就业形势仍较为严峻。中商产业研究院数据显示，2010—2017年的全国高校毕业生人数按照2%～5%的同比增长率逐年增长，7年累计毕业生人数达到5706万人。自2018年全国高校毕业生首次突破800万人始，每年毕业生人数都在大幅增长。2019届全国普通高校毕业生约达834万人，2020届高校毕业生规模约874万人，2021届高校毕业生总规模约909万人，2022届高校毕业生规模约1076万人，2023届高校毕业生规模预计达1158万人。大学生就业创业压力逐年增加，但其就业能力仍存在明显的问题。

一、大学生就业能力存在的主要问题

（一）思想、态度出现偏差，学习及工作规划欠缺

首先，部分大学生自制力差，自律能力弱。他们在脱离高三紧张的学习氛围、家长和严师的约束后，由紧绷的、被控制的状态突然进入放松的、自由的状态，面对越来越多的诱惑，往往难以自制，把时间花在逛街、购物、娱乐上，沉迷于与学习无关的事件中无法自拔，更有甚者为此不惜逃课、贷款，最终荒废学业。

其次，部分大学生思想态度不端正。严峻的就业形势没有引起他们的警觉。他们对社会就业问题关注度不高，不仅不能"对症下药"，甚至依旧我行我素、好高骛远，不从自身实际出发，就业期望高于自身能力，对工资待遇和工作地点有着脱离现实的想法，导致就业目标过高、难以实现。主观愿望与客观条件产生差距，从而使大学生在执行计划时遭遇许多挫折。部分学生宁可拿着低工资在北京、上海等一线城市奔波，也不愿意去发展机会更多、条件相对较差的中西部工作。甚至有一些学生会通过"找关系"等方式进入国企或事业单位，而不是凭借自己的真正实力获取就业机会。

其三，部分大学生没有客观、科学的自我认知，高估了自己的能力，但就业定位不准确，不清楚自己的职业意向，无法培养相应的职业技能，反而削弱了就业竞争力。这一冲突与矛盾，容易让大学生产生对自身职业生涯规划的迷茫，对如何实现顺利就业更是"无从下手"。

其四，部分大学生因种种原因进入了自己不喜欢的专业，必须完成

规定的学习任务才能获得毕业资格。因为兴趣，他们又将很多精力放在对喜欢的专业领域的探索上。处于学习目标和爱好相冲突的状况下的学生往往会感到无所适从，学习目的不够明确、学习动力不够强。甚至会出现进校分数很高的学生因不喜欢所学专业而要求退学的现象。究其原因主要是大学生在入学前的自我探索不够，高考填报志愿、进行专业选择时没有考虑自己对所填报专业的兴趣，没有深入地思考自己到底适合做什么。

也有部分大学生不能分清主次，导致自身目标与学习任务目标冲突，尽管自身综合素质很高、能力很强，但由于学业成绩不够理想而影响职业生涯发展。例如，部分大学生在校期间选择担任学生干部，但又无法恰当地处理学习和社会工作的关系；部分大学生为考好某一门科目而严重影响了其他学科成绩；部分大学生为锻炼综合能力，参加了多个社团，但将精力过多地置于参加各种活动上，无法顾及学业任务，在结业考试时无法取得优异的成绩……这些问题的出现主要是因为他们没有订立一个科学、合理的学习工作计划。

综上所述，普通高校毕业生一定要努力汲取知识，提升基本技能，增强自身素质，转变思想观念和就业态度，提升学习积极性，以此适应社会的发展，否则只能面临被社会淘汰的结局。

（二）社会责任感弱，轻视义务履行

部分大学生对社会责任感认识不足，把社会责任感与家庭责任感混为一谈，甚至认为社会责任感与自己毫无关系，对其持无所谓的态度。

在实践上,这就体现为重视权利的享受,轻视义务的履行,总是苛求别人、苛求社会,于自身义务的履行却又避之不谈;在价值上,体现为重自我价值,轻社会价值;在利益关系上,表现为以"我"为中心。近年来,社会主义市场经济的发展为个人施展才华提供了理想的舞台。越来越多的大学生强烈地意识到个人在社会进步中的作用,但同时又意识到社会竞争的日益激烈,因此更加注重自我价值、个人利益的实现。

(三)综合能力较弱,就业竞争力不足

首先,相较于中小学期间的学习,在大学中,学生主要靠自觉、全方位的学习提升综合能力。可人天生有惰性,大学期间如果没有科学的时间管理计划和有效的自我约束,学生就容易懈怠,放松对自己的要求,甚至自暴自弃。

大学生的综合能力是就业竞争力的重要组成部分,是就业的关键因素之一。但部分大学生在学校里虚度光阴,荒废学业,奉"六十分万岁,多一分浪费"等极端思想为圭臬。学习在此类大学生眼中是通过期末考试的手段,而不是充盈自身的工具。因此在大学课堂上,大学生玩游戏、聊天、看视频等行为屡见不鲜。他们只能掌握专业课程中入门级别的基本常识,并不能够深入了解,将专业知识转换为专业能力,毕业后便不具备相应的就业能力,难以寻找到心仪的岗位,只能"伪就业"。

其次,目前大多数学生的受教育思维模式并没有适应新的教育改革趋势而转换到素质提升层面,而是仍然停留在应对考试层面。在这种思维模式的影响下,很多大学生为了取得好的成绩,只是简单记住了书本

第一章
绪　论

上的知识，从根本上忽视了基本能力的优化。比如，虽然大部分大学生在毕业时都能通过英语四、六级考试，但是用英语同外国友人交流对他们来说却是一道难题；部分大学生虽然能凭借优异的成绩取得奖学金，但在实际工作中却无法灵活运用在校期间习得的专业知识。造成这种状况的原因有两个：第一，他们并没有熟练地掌握基础知识；第二，他们没有将所学的书本知识与现实情况紧密地联系在一起。

最后，部分高校就业指导能力相对薄弱，就业育人支持体系不够完善，学生无法从学校获得足够的支持，就业能力较难提升。教育环境对学生素质的影响极大。《教育部关于做好2022届全国普通高校毕业生就业创业工作的通知》要求："各高校要把就业教育、就业引导全面纳入大学生思想政治教育体系，多种形式开展就业育人主题教育系列活动，打造一批大学生就业创业教育基地，引导毕业生树立正确的职业观、就业观和择业观。要加强重点领域就业引导，鼓励毕业生积极投身重点地区、重大工程、重大项目、国际组织等领域就业创业。组织开展大学生就业实践调查活动，持续打造'互联网+就业指导'公益直播课，建立就业创业指导优质师资库，打造一批就业指导'名师金课'。加强职业生涯教育和就业创业指导，组织举办大学生职业生涯规划比赛活动。"[1]部分高校虽然会按照此类工作要求安排就业指导的相关课程，但目前仍存在偏重就业率的情况，对学生的实际就业需求重视不够，导致就业指导难以发挥最优功效。同时，部分高校高水平的就业指导教师配置不足，

1　中国政府网：《教育部关于做好2022届全国普通高校毕业生就业创业工作的通知》，https://www.gov.cn/zhengce/zhengceku/2021-11/21/content_5652326.htm。

只能选择照本宣科地面向全体学生进行统一指导，不能结合学生的实际情况做出针对性的指导，无法高效提升学生的就业竞争力。

总而言之，大学生在上学期间不能忽视自身素质的提升，高校不能忽视就业育人体系的建设。信息化社会的迅猛发展对大学生的基本能力提出了新的要求。如果大学生还是沿用以前的标准来"塑造"自己，当开始接触社会的时候，就会发现自己的综合能力并不能适应职场的现实需求，再想进行弥补或优化往往需要花费更多的时间，可谓事倍功半。

（四）忽视知识运用，实践能力欠缺

对用人单位而言，大学生的实践能力在诸多能力当中占有非常重要的地位。这也是用人单位招聘时的重点考察范畴。用人单位希望大学生有较强的实践能力，一上岗就能快速胜任分内的工作，但往往事与愿违。部分大学生的思维仍处于"只要学习好，就会有好的工作找上自己，有好的机会供自己选择"的误区。部分所谓的"优秀大学生"可能只是"擅长"考试，无法将所学知识与工作实践相结合。

造成大学生实践能力不足的原因综合来说有两个：第一，缺少足够多的实践锻炼机会；第二，部分学生没有制定一个合理的职业规划，没有明晰自己的发展方向，没有更深入地了解自己将要从事的行业，因而选择的实践课程、实习活动与行业需求有天壤之别，浪费了实践机会。

（五）环境适应能力弱，沟通能力缺失

为了应对中考、高考，顺利进入好的大学，大部分学生从小学高年级开始就完全进入了一个十分紧张的学习以及备考状态，进行高强度的

学习。生活在相对封闭的学习环境中，就容易形成一种观念：只要能获得一个好的分数，其他的都不重要、都无须顾及。没有认识到沟通交流的重要性，缺乏对沟通能力的训练，造成了部分学生交往与沟通能力的缺失。进入大学后，他们无法适应大学的新生活，亦同中小学时期一样，选择相对封闭的状态，只关心自己的学业成绩，忙于钻研专业课和技术训练，缺乏与室友、同学的互相关心和交流沟通（哪怕存在有限的交流沟通，也是在迫不得已的情况进行的）。

产生这一问题的原因还在于家庭教育方式不当。如果家长在孩子成长过程中对他极其宠爱，他就会形成以自我为中心的品性，从而缺少宽容、谦让和合作的精神；如果采用"打压式"教育，孩子便会丧失自信心，性格相对孤僻。这两种教育方式下成长起来的孩子，在大学集体生活中，要么只顾自己的利益，只强调自己的感受，要么过度自卑，躲避交流，无法融入团体。他们欠缺沟通能力便是必然的。

沟通能力欠缺会导致实践上的偏差。由于在校园中交际范围窄、交往对象相对单一，人际交往技巧掌握不足，不少学生虽有交往的愿望，但缺乏交往的能力，导致实践上出现了一些偏差。例如，有些人因为一味追求真空似的友谊而时常感到"遭受打击"；有些人因为一味追求"有钱就好"的庸俗关系学而抛弃了朋友间最基本的因素——"真诚"。

（六）创新意识、创新能力缺乏

我国大学生都是通过考试"突出重围"进入大学生活和学习的。绝大多数的大学生走过的学习之路大同小异，在大学之前所取得的成绩基本靠勤奋苦读。勤奋苦读是努力习得前人总结的知识和经验的过程，没有强调"创新意识"。因此，传统应试教育体制下的学生很可能缺乏创新意识。

论及创新能力的强弱并非指向智商高低，而是进行脑力活动时是否具有创新的意识。创新意识的形成要求个体具备自主性、独立性、开放性，且拥有较强的抗压能力。体现在学习过程中，具备创新意识最常见的就是在教师提出疑问之后，学生不是机械地解决这个疑问，而是在此基础上又创造性地提出新问题，加以自己的假设并以行动验证假设。

二、高校学生的现状

（一）大学生人格特征

就大学生人格特征，学者们做了一系列研究。美国新精神派代表人物埃里克森关于青春期人格发展的理论就强调，个体人格健康发展，必须完成此时期的心理社会任务，即建立自我同一性和防止同一性混乱，建立亲密感，避免孤独感。这体现在青春期个体特点上就表现为：一方面，本能冲动的高涨；另一方面，面临新的社会要求和冲突而感到的困扰与混乱。[1]陈刚等认为，大学阶段的学生年龄一般为18～25岁，他们正由青春期过渡到青年期，人格逐步走向成熟与稳定，能正确认识自我，对社会环境适应力较强，富有事业心，情感饱满适度。[2]丁新胜则认为，大学生的人格发展存在一定不足：基本能正确认识自我，但对现实自我

---

[1] 张英莉：《大学生心理健康教育》，北京理工大学出版社，2019年版，第46页。
[2] 陈刚、张玉：《大学生心理健康教育》，上海交通大学出版社，2019年版，第32页。

与理想自我之间的差距估计不足,自我效能感不高;智能结构健全,但也会出现认识事物片面、绝对的错误;情绪情感健康发展,但具有一定程度的急躁、不稳定性;社会适应能力有很大提高,但依然欠缺社会经验。[1]相关调查数据显示,当代大学生生活环境安逸,吃苦耐劳和抗挫折精神存在部分缺失,58%的学生表示当觉得希望不大,要克服较大困难时容易放弃。大部分学生好胜心不足,呈现出"安于现状"的心态,但心胸豁达,与熟人沟通主动性强。当与他人产生矛盾或存在误解时,有90.9%的学生会选择主动沟通,求得谅解,消除误会。但他们在自我认识与行为表征上又会表现出矛盾,时常存在信心不足的情况。在与陌生人沟通时,53.2%的学生表示缺乏底气,28%的学生存在畏惧心理,特别在初次沟通中,能够掌控话语权成为话题中心的少之又少。他们还对说服别人的能力持怀疑态度,当自己的要求被拒绝时容易放弃。36%的学生表示当被误会时会选择主动放弃。

(二)普通本科院校大学生综合能力现状

相关的调查情况反映出,综合能力的强弱与学生是否担任过学生干部、是否参与过学科相关竞赛、是否参与科研项目、是否参与社会实践活动、是否有某项明确的兴趣爱好存在显著相关性。实力较弱的普通本科院校承担的就业创业教育项目、科研项目来源少、层次不高,且社团活动娱乐性胜于教育性、形式单一,社会实践面相对较窄,学生能够得到全面锻炼和提高的机会相对来说较少。这导致学生的综合能力存在明

---

[1] 丁新胜:《大学生心理健康教育》,河南大学出版社,2017年版,第48-49页。

显差别，尤其是沟通表达能力、团队协作能力、组织领导力。

此外，华东交通大学的学者郑晓芳等人曾对贫困大学生和非贫困大学生的综合能力做了差异性的调查与分析，得出的结论是：贫困大学生与非贫困大学生的综合能力无显著差异；贫困大学生的学习能力略强，创新能力略弱，人际交往能力、适应能力和实践能力处在两个极端的比例均高于非贫困生中相应比例；要提升贫困大学生的综合能力，以资助的形式解决经济困扰远远不够，还要为他们提供更多的实践机会和专业发展机会。[1]

（三）普通本科院校大学生专业能力现状

云南大学的侯明昌依照美国哈佛大学心理学家麦克里兰的能力素质模型将专业能力素质分为基准性专业素质和鉴别性专业素质。他认为：基准性专业素质是指本专业培养所要求达到的基本素质，也是从事本专业相关工作起码应该具备的素质，是一种合格性要求；鉴别性专业素质是能够区分优秀学生与普通学生的专业素质。[2]目前，我国大学生的专业能力素质培养存在问题，大多数学生仅具备基准性专业素质，甚至有部分学生连基准性专业素质都不能完全拥有，具备鉴别性专业素质的学生较少，创新素质普遍较差。普通本科院校的大多数学生对专业基础理论知识有一定了解，具备一定的专业能力，通过实习或项目实践，实践能力有一定程度的提升，但仍不能很好地实现职业素质与岗位社会需求

---

[1] 郑晓芳、张静：《贫困大学生综合能力现状调查分析》，《当代教育论坛》(上半月刊)2009年第12期。
[2] 侯明昌：《大学生专业能力素质的培养与提升》，《人才资源开发》2022年第6期。

的对接。

有一项针对普通师范类院校的调查显示，22%的师范类毕业生表示自己有自信并能完全胜任课程教学，近10%表示能胜任教学和班主任工作，68%的学生能力存在较大提升空间。普通本科院校的学生相较于重点本科院校学生，其鉴别性专业素质相对较弱，对课堂教学之外的其他知识的获取自主性缺乏尤为明显，仅有少数学生能主动结合自己需求，广泛阅读相关专业书籍和文献资料。大部分学生专业基础的深度和广度都无法达到本专业相关工作要求的水平。

（四）普通本科院校大学生创新创业能力现状

党的十八大以来，习近平总书记多次强调要营造有利于创新创业的政策环境，优化创新创业生态环境。近几年来，高校越来越重视对创新型人才的培育，大学生的创新创业能力也有了一定提升。但众多学者的相关调研数据显示，我国大学生创新创业能力仍相对较低。广东海洋大学的刘勤等人以G高校为样本，通过问卷调查从专业知识、创业意识、创新思维、实践经历和创业技能5个维度探究该校在校大学生创新创业能力状况，发现该校大学生创新创业能力总体处于中下游水平，创新思维不足。[1] 郑州大学丁莉以Z大学大学生为调查对象，采用问卷调查法从4个二级维度和14个三级维度对大学生创新创业能力的现状进行调研分析，结果显示Z大学大学生创新创业能力水平整体处于中等偏下水平，存在创新创业态度不端正、自主学习意愿低、分析能力不足、创新

---

1 刘勤、刘冬兰：《在校大学生创新创业能力现状与提升研究——以G高校为例的调查》，《大学教育》2020年第2期。

知识欠缺、人际交往能力不足等问题。[1]

笔者研究发现，极少数大学生动手能力强，勤于思考，善于用创新性思维解决问题，遇到自己感兴趣的内容会进行深入了解；而大部分学生自主学习、探索意识不强，只习惯性地完成老师规定的课程作业和相关实验任务，缺乏创新思维和创新能力。学生创业虽然也有成功案例，但结合自己专业进行技术创新的较少，既有技术又独具特色的更是凤毛麟角。长春财经学院的安佳等人对吉林省民办高校的1398名在校生进行了问卷调查，调查数据显示：创新创业能力与大学生的个人特征具有显著关联性，男生的创新创业意愿及能力均比女生强；随着年级的递增，学生的创新创业能力有增强的趋势；专业对学生的创新创业能力有显著影响。[2]可见，大学生创新创业能力的影响要素较多，但整体较弱的原因包括两个部分：第一，内部原因，主要包括大学生创新创业主观观念不强、自身素质有待提升、缺乏对创新创业正确的认识、自主学习的习惯尚未形成；第二，外部原因，主要包括学校创新创业课程设计及实践不够丰富、创新创业指导师资力量薄弱、创业资金及信息缺乏。

（五）普通本科院校大学生对就业能力的认知情况

兰州大学的王博等人对来自68所不同类型的大学的733名大学生（大一新生375人，大四毕业生358人）以及454名企事业单位管理和

---

[1] 丁莉：《大学生创新创业能力现状调查及提升策略——以Z大学为例》，郑州大学硕士论文，2021年。
[2] 安佳、侍术凯、卢扬：《民办高校大学生创新创业能力现状、影响因素及培养机理研究——基于吉林省1398份调查数据》，《统计与管理》2020年第7期。

技术骨干进行了问卷调查，调查发现：学生对就业能力的自评较客观，即认为自己工作主动性、独立工作能力和执行力不够，而对职业素养的自评偏乐观，认为自己心理素养和适应能力较强，但用人单位对这两项的满意度并不高。[1] 黄存良和程利娜对来自西北工业大学、西安理工大学等多所院校的 2162 份在校生问卷和 656 份往届生问卷进行了分析，得到结论：在校大学生和往届大学生都认为敬业精神、积极进取精神、工作责任感、人际沟通能力、解决实际问题能力、团队合作能力、社会适应能力十分重要，外语水平对工作的影响不是特别大；与在校大学生相比，往届大学生对影响工作的能力维度的意义、内涵认识更深刻。[2]

总体而言，在大学四年的学习中学生对不同方面就业能力的认知度不同。他们对专业知识和专业能力的认知比较主动、深入和全面，并能有意识地在专业学习中不断提升专业能力；对团队协作、组织和领导力的认知不足，仅有少部分学生在四年学习实践中能对此进行逐步完善和提升；增强创新创业能力的意识，发现问题、分析问题、处理问题的意识相对不足；对自己性格、情商的可塑性认识存在偏颇，认为"江山易改本性难移"，很少主动对此进行塑造及优化。

---

1 王博、姜云超、吕卉等：《产业需求视角下工科大学生就业能力的自我认知和用人单位评价》，《中国大学生就业》2023 年第 5 期。
2 黄存良、程利娜：《不同群体对大学生就业能力的认知差异及其比较》，《教育与职业》2016 年第 21 期。

第五节 重难点和创新点

一、重难点

本研究的重点在于对普通高校本科生就业能力的现状分析及对策阐述，从理论研究和实证分析两个维度探讨在新时代背景下高校学生就业能力提升问题，探寻切实可行的就业能力提升路径，为解决我国高校学生"就业难"的问题提供思路。

研究难点在于如何基于新时代背景对普通高校本科生的就业能力问题进行科学、合理、有效的阐述；如何使用文献分析、国内外高校人才培养案例分析、用人单位招聘需求分析、法律条文分析等方法收集相关信息，对所得数据进行相关性分析，进而从大学生、高校、用人单位、政府主管部门四个维度切实提出实现大学生就业能力提升的路径与策略。

二、创新点

虽然教育大众化使学者们增强了对普通高校本科生就业能力的关注与研究，但是已有的研究大多是基于彼时的时代需求所做的，以应届毕业生、专家和用人单位为调研对象。本书在结合国内外研究的基础上，以当前社会需求为引导，增加了对高校关于就业能力评价的调研，重点分析、多视角阐述普通高校本科生的就业能力现状并就其能力的提升给予策略上的意见与建议。

此外，本书对大学生就业能力内涵和影响因素的梳理也具有很高的参考价值。本书全方位地解析大学生就业能力的维度，界定了大学生就业能力概念，提出了大学生就业能力构成的模型和影响因素模式，在大学生就业能力的构成维度方面增加了创新能力、创新精神、国际视野等因子，在大学生就业能力的影响因素方面增加了人口学特征如性别、家庭背景和生源的城乡结构等因子。本书还依据大学生就业能力影响因素模型，对高校进行大学生就业能力培养的措施进行了系统分析，提出应从系统的视角，综合协调政府、高校、用人单位和大学生个体进行大学生就业能力的培养，从而拓展大学生就业能力。

第二章
发挥学生主体作用，提升核心竞争力

对很多大学生而言,"就业困难"实质上是"就业迷茫"的现实表现。因为对自身发展缺乏科学的规划,不能明晰未来的工作方向,很多学生在初入大学时所持有的是"大一大二先轻松一下,大三大四再努力也不迟"的心态。这导致他们无法合理分配时间,甚至错过参与就业指导课程、提升就业能力的实践,进而在面对就业时感到手足无措。在这种情况下,大学生要充分发挥自己的主体作用,加强学习规划、就业规划的能力和适应社会的能力,培养良好的心理素质及职业精神,提升自身的核心竞争力。

第一节 强化学习规划能力

一、清楚学习的重要性

著名作家王蒙说:"一个人的实力绝大部分来自学习。"这里所说的学习不仅狭义上的学生时期对书本知识的学习,而是广义的人在生活过程中凭借经验产生的行为或行为潜能的相对持久的变化,即无边界的学习。它具体包括:学习知识,学习技能;学习历史,学习现实;学习自然科学，学习人文科学；研究自身的实践，借鉴他人的经验。总而言之，所有借助外界事物来提高自身能力的行为都可以被称为学习。

学习不仅仅存在于学生时代，也存在于整个人生过程中。习近平总书记在党的二十大报告中提出："推进教育数字化，建设全民终身学习的学习型社会、学习型大国。"[1] 终身学习是指社会成员为更好地适应经济社会全面发展、实现自我的发展而持续学习的过程。当今社会，随着科技的日新月异、社会改革的不断深化、互联网的普及运用，新机遇和新挑战不断涌现，如果不坚持终身学习，必然面临落后及失败。人类的发展历程早已揭示了学习的重要性。在早期猿人阶段，有小部分猿人掌握制造简单的砾石工具的技能，其他的则通过学习将此技能进行传播，而后才能有旧石器、铁器、青铜器、陶瓷等。工具的精美，技术的进步，离不开学习。

学习不仅能培养人类的生存能力，也能丰富人的内心世界，提升人的知识境界。不读《离骚》，难知"芳与泽其杂糅兮，唯昭质其犹未亏"的独善其身，难知"亦余心之所善兮，虽九死其犹未悔"的坚定不移；不读《诗经》，难知"岂曰无衣？与子同袍"的爽朗豪迈，难知"我戍未定，靡使归聘"的动荡不安；不读诗，难知"会当凌绝顶，一览众山小"的气吞山河；不读词，难知"过春风十里，尽荠麦青青"的黍离之悲。学习可以对自我进行内在升华，达到"胸藏文墨虚若谷，腹有诗书气自华"的境界。

---

[1] 习近平：《高举中国特色社会主义伟大旗帜　为全面建设社会主义现代化国家而团结奋斗——在中国共产党第二十次全国代表大会上的报告》，人民出版社，2022年版，第34页。

学史可以看成败，鉴得失，知兴替；学诗可以情飞扬，志高昂，人灵秀；学伦理可以知廉耻，懂荣辱，辨是非。学习应成为每个个体的终身事业。

二、了解学习的境界

就学习的境界，古人多有提及。曾有一说：开始是看山是山，看水是水；后来是看山不是山，看水不是水；再后来是看山仍是山，看水仍是水。第一层仅仅是观察与认识；第二层达到了认知解构的境界，但依然没有脱离原来的知识系统；第三层次，返璞归真。孔子曰："知之者不如好之者，好之者不如乐之者。"这句话也道出了学习的三种境界，"知之"是知道如何学习，"好之"是对学习有浓厚的兴趣，"乐之"是享受学习的快乐。

王国维曾在《人间词话》中这样论述学习的三种境界："古今之成大事业、大学问者，必经过三种之境界：'昨夜西风凋碧树，独上高楼，望尽天涯路。'此第一境也。'衣带渐宽终不悔，为伊消得人憔悴。'此第二境也。'众里寻他千百度。蓦然回首，那人却在，灯火阑珊处。'此第三境也。"这一论断也指出学习的最终结果是个人通过自己的苦苦寻求和努力，挣脱世俗对自身行为的约束，实现灵魂的解放，找到心灵的归属，达到返璞归真的境界。

结合王国维的论述，笔者将学习分为三种境界。第一种境界是入门前表现出来的毫无头绪、不知所措的疑惑、彷徨和痛苦。对于即将进入职场的大学生而言，在此种境界下，应该学会的是"守"。一无所知、

第二章
发挥学生主体作用，提升核心竞争力

一窍不通时，学习进步最快的方式就是：听话、照做。没有一点经验时，不可盲目创新，而应按部就班，在前人的指导下进行工作，同时也要思考前人采取这种做法的缘由、优劣，方法可否优化。如此，便不会入错门，能明白做事的原理，可以促使自身进步。

第二种境界则是孜孜不倦、坚持不懈，叩打学门时上下求索，攀登书山时以勤为径，泛舟学海时以苦作舟。对于即将进入职场的大学生而言，在此种境界下，应该学会的是"破"。在完成的工作增多、工作经验得以大量积累以后，大学生应结合自己的思考，在工作和学习时进行深入思考，做一些微创新，给旧方法注入新活力，甚至于尝试另辟蹊径，开拓出解决问题的新思路。

而第三种境界则是功夫到家，畅游学海胜似闲庭信步，漫步书山能悟其中真谛，在学习中呈现怡然自乐、欣喜恬适的状态。对于即将进入职场的大学生而言，在此种境界下，应该学会的是"立"。随着思考增多，尝试增多，大学生应学会看明白事情的本质和核心，产生并坚持自己独立且正确的观点。此时分析解决问题很容易就能找到突破口，也能很快形成解决问题的最优解。

大学生应在四年大学生活期间找到自己人生的目标，突破王国维先生所说的第一层境界，努力做到第二层境界，为自己的职业生活打下一定的基础。

三、明确学习内容

在当今严峻的就业形势下，大学生们除了要学习专业知识及技能，

还需要进行道德、历史、政治、法律等内容的学习。

（一）学以明德

学以明德，只有提升修养，崇尚美德，才能学习到更高层次的知识；而不断学习，也能提升道德素养。中国是礼仪之邦，讲究礼节，注重道德修养。《礼记·大学》有言："古之欲明明德于天下者，先治其国；欲治其国者，先齐其家；欲齐其家者，先修其身。"修身、齐家、治国、平天下是一种由心系个人到心系整个社会的远大理想和志向。修身是第一位，是对自我的约束，是齐家、治国、平天下的起点。修身就是要提高思想品德、道德素养，成为品格高尚、品位高雅、品行端正的人。司马光在《资治通鉴》中有云："才德全尽谓之圣人，才德兼亡谓之愚人，德胜才谓之君子，才胜德谓之小人。"可见，道德不仅仅关乎个人的发展，更与科技的进步、社会的变迁息息相关。国内外均注重个人的道德修养。但丁说："一个知识不全的人可以用道德去弥补，而一个道德不全的人却难以用知识去弥补。"这也是我们为什么要明德的根本原因。

提升内在道德修养的途径多如牛毛。见贤思齐，大学生可以通过文献资料、电影、电视剧、新闻广播等媒介了解并学习英雄人物、时代楷模的道德品质。例如，从焦裕禄、孔繁森、黄大年、王继才、张富清等人的感人事迹，学习他们的高尚品德、家国情怀、牺牲精神、奉献精神。学习如何始终将国家的利益与社会的利益放在第一位，如何将自己看作一块砖为国家的建设出力，到祖国最需要的地方去让青春绽放。见不贤而内自省也，学习不仅仅可以通过众多正面案例进行，反面教材也是敲响警钟、划定红线的重要媒介。大学生可以将"吾日三省吾身"融入生活的方方面面，时刻反思，时刻修正。

（二）学史明志

对历史的学习同样重要。历史是现实的根源，任何一个国家的今天都来自昨天。只有了解了她的昨天，才能知道她从哪里来、将往哪里去。习近平总书记曾指出，中国有着五千多年连续发展的文明史，观察历史的中国是观察当代的中国的一个重要角度。不了解中国历史和文化，尤其是不了解近代以来的中国历史和文化，就很难全面把握当代中国的社会状况，很难全面把握当代中国人民的抱负和梦想，很难全面把握中国人民选择的发展道路。

历史是人类的历史，不懂历史就是不懂人类自己。学习历史可以给出每个民族前缘今生的答案。中国的唐诗、宋词、元曲及明清小说，春秋战国百家争鸣，汉代罢黜百家、独尊儒术……这些经由五千年历史沉淀的底蕴，是中华民族生生不息、薪火相传的内生力量，给予我们在世界立足的底气。五千年历史长河中，多个朝代的更替，蕴含着丰富的治国理政经验，能够提供许多有益启示。熟读历史，明确客观形势的发展，了解历史发展规律，从中吸取宝贵的经验教训，能避免陷于困境。

（三）习政习法

对政治的学习同样不容忽视。家事国事天下事，事事关心。不关心政治，意味着关闭自身了解世界的窗口。早在1978年4月，邓小平同志便在全国教育工作会议上提出："毫无疑问，学校应该永远把坚定正确的政治方向放在第一位。"[1] 正处在人生观和价值观形成关键时期的大学生,其政治理念、思想行为等极容易受到负面的影响。因此,树立正确的政治价值观对于即将进入职场的大学生有着重要的现实意义。如今,西方国家在包括我国在内的社会主义国家进行意识形态和价值观的渗透,大学生可以通过对政治事件的关注和对政治理论的学习,明晰热点国际政治问题的本质,更清楚地认识在全球化进程中西方国家的错误政治思潮及消极的思想观念等,从而意识到自己的社会责任,在正式步入职场后也不会被负面观念影响,动摇信念。

法律观是人们世界观的重要组成部分。1986年9月,《中共中央关于社会主义精神文明建设指导方针的决议》提出:"加强社会主义民主和法制的建设,根本问题是教育人。要从小学开始,在进行理想、道德、文明礼貌等教育的同时,进行民主、法制和纪律教育。要在全体人民中坚持不懈地普及法律常识,增强社会主义的公民意识,使人们懂得公民的基本权利和义务,懂得与自己工作和生活直接有关的法律和纪律,养成守法遵纪的良好习惯。"[2] 大学生要顺利成长为有理想、有道德、有文化、有纪律的社会主义建设者,就必须学习法律知识,形成正确、科学的法律观。

四、培养良好学习心态

大学生需要培养良好的学习心态。在笔者看来,这种良好的心态可

---

1 邓小平:《邓小平文选》(第二卷),人民出版社,1994年版,第104页。
2 中共中央文献研究室:《改革开放三十年重要文献选编》(上),中央文献出版社,2008年版,第436页。

被总结为"成长型心态"。

　　斯坦福大学心理学教授卡罗尔·德维克（Carol Dweck）在做"如何应对失败"的研究时，做过一个试验。她给一群小学生一些特别难的字谜，再观察他们的反应。她发现，一些孩子会拒绝面对失败，沮丧地丢开字谜，或假装对字谜不感兴趣；另外一些坦然地承认和接受自己解不出字谜的现实；但是，也有一些孩子兴高采烈地做着这些解不开的难题。一个孩子快活地说："太棒了，我喜欢挑战！"另一个即使满头大汗，也难以掩盖愉悦的心情，说："猜字谜能让我增长见识！"德维克随即意识到，这个世界上确实有些人能从失败中汲取动力。他们区别于他人之处在于，他们认为成功和才能是在挑战中因努力而获得的，并非固定值。她将这种心态称为"成长型心态"。与之相反的心态则认为，才能是天生具备的一种相对固定的特质，这就是"固定型心态"。面对失败，持有成长型心态的人会认为：智力不是固定值，而是可以后天培养、成长和开发的。因此，他们愿意接受挑战与反馈，并会更快地调整自己的状态，来直面挑战和困难。相反，拥有固定型心态的人，面对失败，则认为是自己的才能或智慧不够，不愿意承担风险和付出努力。他们把承担风险和努力尝试当作有可能泄露他们缺点的潜在机会，不愿意正视自己的不足。卡罗尔·德维克在 20 多年关于儿童和成年人的研究中发现，个体所持有的观念，深深地影响着个体的生活之路。那些相信智力和个性能够不断发展的人与认为智力不可变、本性难移的人，会有显著不同的结果。

　　所以，要想成为终身学习者，首先必须改变学习心态。当一个学生秉持固定型心态，认为自己天赋异禀、无所不知，认为学习无用时，这些"所藏"将限制学生以开放的心态接纳信息，从而难以到达"知道"的境界。而秉持"成长型心态"的学生，对周围的事物抱有极大的热情与好奇，即便已经掌握了众多知识、技能或经验，也愿意学习，热爱学习，持续迎接新的挑战，从而获得更大的进步。因此，大学生应转换学习心态，成为"成长型"学习者，发扬自己的优势，弥补自己的不足。

五、探寻学习的方向及方法

具备了良好的学习心态之后，大学生还需要解答一个问题：面对人类无垠的知识海洋，应该从哪里开始着手学习？学习的切入点众多，内容是无限的，且在快速地更新、拓展，但每个人的生命都是有限的。只有聚焦到一个细分领域才有深入的可能性，并有所建树。若兴趣点太多、精力分散，则难以取得成功。所以大学生需发现自己的爱好，明确自己要深耕的知识领域，并以此作为安身立命的基础，避免做无用功。

要想找到自身学习与奋斗的方向，需要思考三个要点：志向、优秀点以及经济引擎的驱动。吉姆·柯林斯认为，个体可以将这三个方面的理解转化为一个简单而明确的理念来指导所有工作，长期坚持，就能取得令人瞩目的成绩。

在明确自己即将奋斗的领域后，掌握学习方法，能有事半功倍的效果。学习是个人主动进行知识建构的过程，主要在人的大脑中进行，涉及一系列复杂而微妙的过程，受多方面因素的影响。要想实现高效学习，需以开放的心态，积极而有效地获取高质量的信息，随后激活已有知识，消化、吸收新信息。不能被理解的信息是无意义信息，会被无情抛弃，而有意义信息，会改变原有状态，重新连接、组合，被"存储"进长期记忆之中。因此，要想提升学习效果，必须激活原有的信息，并联系实际从不同角度分析信息，深化对信息的解读、赋义。这个过程的关键就是保持好奇心，调动良好的学习心态。

第二节　强化职业规划能力

一、树立正确的职业理想

职业理想是人们根据社会要求和个人条件，借想象而确立的职业奋斗目标，即个人渴望达到的职业境界。它是人们实现个人生活理想、道德理想和社会理想的手段，并受社会理想的制约。职业理想是人们对职业活动和职业成就的超前反映，与人的世界观、人生观、价值观密不可分。

俄国的托尔斯泰曾说："理想是指路的明灯，没有理想就没有坚定的方向，就没有生活。"职业理想源于现实又高于现实，比现实更美好。理想是前进的方向，是心中的目标。为使美好的未来和宏伟的憧憬变成现实，人们会以坚忍不拔的毅力、顽强的拼搏精神和开拓创新的行动去努力奋斗。周恩来总理在少年时期就发出"为中华之崛起而读书"的誓言，表达了他立志振兴中华的伟大志向。最终，他凭借自己的坚强意志实现了自己的理想。

职业理想在现实生活中具有引路牌的作用，指引、调整并且激励着个体开展职业活动。当个体在职业生活中遇到了低谷，如果没有职业理想的支撑，便会心灰意冷、丧失斗志。只要树立正确的职业理想，无论是在顺境或者是逆境，个体都会奋发进取，勇往直前。

生存是发展的基础。当下的社会分工越来越细，人们依靠着专业化分工而生存，这是现代社会个体生存的特点。职业是一种谋生手段，个体对职业的选择应该要以满足生存、生活的需要为出发点和落脚点。虽然每个个体心目中都有理想的职业，但职业理想极大概率会和现实状况存在巨大差异。同时，由于社会发展需要每个人都在自己所处的位置上有所作为，所以当理想职业与基本生存需求相悖时，人们不能盲目地追求理想，而应该在与自己所处的位置相适应的范畴中去做合理的选择。要正视自己，从实际需求出发选择职业，无论它是否能满足个人理想。

对于即将毕业、面临职业选择的大学生来说，如果自己理想的职业不能保证拥有一份好的收入，再加上家人、朋友的劝导，便可能会持有自我怀疑、怨天尤人的情绪。此时，大学生需要认真分析自己想要树立的职业理想是否脱离实际，是否与自身情况、条件严重不符合；需要进一步考虑自己在追逐职业理想的过程中可能面临的困难，思考自己是否有恒心、毅力去克服这些困难；最后还需要考量当下社会需求与职业理想的契合度，自己的职业理想能否有助于自身承担社会责任、实现社会价值。

每个人都有职业理想，而成功的职业选择并不是一蹴而就的，需要根据自己的实际情况不断做出调整，从而一步步接近自己的理想目标，所以不能因为一时的困难就放弃。

二、进行全面的自我分析

自我分析是指通过科学的方法和手段，对包括性格、兴趣、特长、智力、思维方式、生理情况等在内的自身条件进行分析和评估，清楚自己的优势与特长、劣势与不足。它是就业规划的基础。要有清晰、充分、客观的自我认知是比较难的，需要采取科学、多元的方法。有学者认为自我分析的方法具体包括：①比较法，从与他人的关系中认识自我；②经验法，从自己做事的经验中认识自我；③自省法，从反思与自问中认识自我。[1]

大学生还可以利用 SWOT 分析模型更清晰地认识自己。S 代表优势。大学生要自我审视自己能力相关的优势。例如，最大的优点是什么？最擅长什么？有哪些比较突出的专业技能？在什么领域最感到如鱼得水？在做什么事时最专注？有什么样的兴趣和爱好？W 代表劣势。相比于罗列优势，每个个体其实更擅长发现自身缺点。劣势是前进和获得良好生活的阻力，大学生需要进行严厉的自我审视。O 代表机会。机会是个体在所处的社会环境中所占据的优势因素。人无法摆脱社会环境单独存在，及时抓住时代的机遇，是目标达成的关键所在。T 代表威胁。威胁是个体在所处的社会环境中所面临的不利因素。优势和劣势都是针对个

---

[1] 王元福：《大学生就业创业教育》，北京理工大学出版社，2020年版，第60-61页.

人内部的分析，而机会和威胁则是针对外部环境的分析。运用这种分析模型，大学生可以对自身及所处的情境有相对全面、系统、准确的认识，有益于职业的选择及就业规划的制定。

三、做好充分的职业分析

职业是人类在劳动过程中的分工现象，体现的是劳动力与劳动资料之间的结合关系，也体现出劳动者之间的关系。劳动产品的交换体现的是不同职业之间的劳动交换关系。

做好职业分析指在进行职业生涯规划时，充分考虑职业的社会性、区域性、行业性和岗位性等特性，以明晰自身所具备或者不具备的与职业需求相符合的特殊能力。具体来讲，大学生在进行个人职业生涯规划前，需要认识和分析所选职业的社会环境，结合经济发展状况、政治氛围、文化环境等社会要素进行充分考虑；需要分析自己所选择的行业的现状、优势、问题、发展前景等；需要分析所选择职业对工作者素质和能力的要求。

在笔者看来，职业分析的关键对象是行业、岗位，需要定向收集相关数据和资料，并展开理性分析。首先，通过国家统计局网站、头部企业官网等收集行业信息，包括行业排位、人才供给情况、平均工资状况、行业的非正式团体规范等，对行业现状及未来发展趋势进行分析。其次，当明确行业选择后，从行业中选择一个最适合的岗位。建议大学生借助百度脑图等相关软件将行业中所涉及的所有岗位进行罗列分析。目前，各行业的基本岗位包括技术岗位、管理岗位、服务保障岗位（文秘、财会、销售)等。把握好岗位特征及需求，才能为后续的职业选择及规划奠定良好的基础。

四、进行职业试探

在大学期间，大学生还有相对宽裕的时间和相对充沛的精力去进行职业试探。只有掌握了各种职业的具体信息并亲身体验，才能知道该职业是否符合自己的预期。职业试探可以从下面三个途径进行。

第一，职业实践。职业实践即通常我们所说的"实习"，是最好的职业试探方式。大学生直接根据企业的具体用工安排，选择一个心仪的实习岗位，向企业投递个人简历，随后亲身投入岗位实践，了解该岗位的实际工作情况。它的特点就是直接、具体、感悟深刻。

第二，生涯人物访谈。选择一个从事相同工作的职业人进行访谈。在访谈之前，需先做出一个较为详细的采访提纲，内容包括对方的工作现状、工作经历、工作贡献、工作过程中所展现出的能力、对工作的感受，以及职业建议等。

第三，寻求专业咨询帮助。当因个人精力、认知度、视野有限而无法仅仅依靠自己的力量理清思路时，可以选择专业且经验丰富的咨询师进行一对一指导。这是必要且效率很高的一种方式。

五、提前做好求职简历

大学生在校期间进行职业试探后，对毕业后的就业和职业发展有了较清晰的认识，对用人单位的需求有了一定了解，可以有针对性地提前做好求职简历。要撰写出用人单位认可的简历,需要熟练掌握设计、制作简历的技能。在撰写简历时,要注意以下三点。

第一,针对岗位需求撰写。大部分人对简历中工作经验一类的栏目的撰写能力较差,有的模棱两可地写一些经验,有的把自己的所有经验全盘呈现。这样的工作经验毫无亮点可言。需要抓住岗位信息中的关键词,将个人能响应岗位要求的工作经历及能力梳理出来。工作经验的具体写法可以参照 STAR 法则[1]。

第二,投递简历附上作品集。作品集是最能体现个人能力的部分,能为自述的工作能力及工作经历提供真实依据,可以成为引人注意的亮点。比如,应聘新媒体岗位,可以在作品集中明确展示出自己策划或者运营的公众号或者视频号的订阅数、转化数。这样的简历资料不仅能让用人单位看出求职者的文案能力,还可以看出求职者的留存转化效果,用数据证明求职者的工作能力。

第三,主动跟进投递进度。如遇到投递出去的简历像石沉大海没有回应,可能是企业对简历不满意,认为求职者的能力与岗位匹配度不高,也可能是因为简历未能被及时发现、查阅。针对这些情况一般有以下几个应对技巧。第一,切合实际优化简历,提高应聘职位和简历内容的匹配度,即精读招聘岗位信息,提炼岗位关键词,在个人简历里充分体现岗位关键词相关的信息。第二,如果简历投递超过一周没有得到回复,可以在工作时间打电话咨询。对于心仪的岗位,求职者可以适当表达出

1　STAR 是情境(situation)、任务(task)、行动(action)、结果(result)四项的缩写。STAR 法则常常被面试官用来收集面试者与工作相关的具体能力信息。

自己的积极渴望，加深用人单位对自己的印象，争取面试的机会。第三，选择优先查看的渠道。有的用人单位在招聘中会优先选择某个渠道的信息，在职位要求中写"某某渠道优先"。这时可以选择用人单位指定的招聘网站和渠道来进行简历投递，缩短等待的时间。第四，按照用人单位的要求来投递简历。例如，用人单位往往会要求求职者在以邮件的方式来投递简历时规范邮件标题，以方便筛选。因此，求职者在投递简历时按照规范，被查看和回复的概率才会更高。

六、了解就业政策

与大学生就业相关的法律主要有《中华人民共和国宪法》《中华人民共和国劳动法》《中华人民共和国劳动合同法》《中华人民共和国就业促进法》等，里面涉及高校毕业生就业促进的相关措施。但是，我国在立法层面并没有形成专门针对高校毕业生群体的就业促进的纲领性内容。

但是，自大学生就业难成为被社会广泛关注的问题以来，国务院和部分地方政府出台了一系列高校毕业生就业促进的政策，如国务院办公厅的《关于进一步做好高校毕业生等青年就业创业工作的通知》、深圳市人民政府的《深圳市进一步稳定和促进就业若干政策措施》、四川省人民政府的《关于进一步促进高校毕业生就业工作的若干措施》等。这些政策措施可分为以下五个类型。

第一，社会保障政策。这类政策主要是指政府对于高校毕业生群体给予一定帮扶照顾，旨在解决高校毕业生的后顾之忧。例如，符合条件的高校毕业生可申领购房补贴、生活补贴；对家庭困难、身体残疾的高校毕业生给予就业帮扶。

第二，招考录用政策。此类政策是指政府对公务员考试、参军入伍及招生院校在名额规模上实施的扩大政策。例如，研究生扩招，公务员扩招，落实基层就业服务项目计划；扩大高校毕业生见习规模，给予见习单位补贴；扩大高校毕业生参军入伍规模。

第三，创业扶持政策。此类政策是指政府给予自主创业的高校毕业生以相应政策支持，享受财政金融补贴。例如，提高高校毕业生求职创业补贴标准，给予创办农业企业的高校毕业生一次性补贴，放松高校毕业生创业担保贷款条件。

第四，指导服务政策。此类政策是指政府通过多种方式、多种途径为高校毕业生提供就业信息、就业指导。例如，新冠肺炎疫情期间，教育部推出"24365携手促就业精准服务"；针对困难毕业生群体建立就业帮扶台账，提供一对一就业服务。

第五，就业准入政策。此类政策是指允许高校毕业生到特定地区、行业从事一定内容的工作以达到落户的要求和条件。例如，出台相关改革措施，允许部分专业高校毕业生免试取得相关职业资格证书等。[1]

不同地区针对高校毕业生也出台了不同的补贴政策，以深圳为例。在落户政策方面，高校毕业生凭毕业证到深圳即可申请办理落户手续。在生活补贴方面，出台青年人才普惠性支持政策，对新引进落户的全日

---

[1] 刘炜瀚：《高校毕业生就业促进的法律与政策研究》，西北民族大学硕士论文，2021年。

制 35 岁以下的硕士研究生三年内按每人每月 1000 元的标准发放生活补贴；落户后暂未就业或创业的，按上述标准发放 6 个月的生活补贴。在购房补贴方面，对符合上述条件的硕士在深圳首次购房分别给予 10 万元、5 万元、2 万元购房补贴。在创业（帮扶）补贴政策方面，在深圳落户且在深圳辖区内创业的青年人才，正常经营 3 个月以上的，并缴纳社会保险 3 个月以上，可申请 10000 元一次性创业（帮扶）补贴。

基本上每个地区都推出了落户政策，包含生活、购房、创业等方面的补贴，只是因为各地区消费水平的不同，补贴的金额有所不同。大学生在准备就业时应通过各种渠道关注此类信息。

七、调整规划，建立现代就业观

俗话说："计划赶不上变化。"尽管确定了目标并做出了详细的规划，仍可能会受到现实的影响而改变。现实是未知多变的，职业发展也不可能一成不变，订立的目标、计划随时都可能遭遇问题，因此，要随着环境的变化而做出相应的调整。

正常情况下，人学生可以一个月做一次评估规划，并在年初制订具体计划，年末进行总结反思。每一阶段的计划要逐月修改，具体计划按照年、月、周细分，最后再进行调整或归纳。每月积极修正和核查策略与计划，保证计划有效实施。在特殊情况下，随时评估并进行相应的调整，酌情缩短或延长计划周期。

每个人可以依据自身的主观因素和外界的客观环境进行评估，找到属于自己的标准，尽心尽力，让能力得到发挥，保证每个阶段都有切实的自我提高。即使将来没有获得预期中的结果，依然应保持良好的心态，继续向着目标努力奋斗。

对于一般的普通高校毕业生而言，如果在未来能找到一份好的工作，有一番属于自己的事业，就可以把考研的目标先放下，等积累了一定的经济基础后再进行深造，可以无后顾之忧。总而言之，大学生要提升就业能力，应当培养良好的择业心态，制订合理的计划，树立与市场经济相适应的现代就业观。

首先，要积极、主动地寻求就业机会，而不是被动地"等、靠、要"。部分毕业生把希望寄托在社会关系资源上，出现了"求职全家总动员"的现象；部分毕业生则期求依靠学校解决就业问题。事实上，在市场经济条件下，我国已经实现用工的双向选择，大学生主动"推销"自己是一条非常重要的就业途径，能否胜任工作还是要用自己的能力"说话"。

其次，要破除传统的就业观念，实现多元化就业。大学生在择业时往往承受着来自社会和家庭的传统观念和传统心理的压力，仍然把留在大城市、端上"铁饭碗"作为首要选择。不少大学生会倾向于选择外企、合资企业等薪酬较高的工作，很少有人选择去西部或者基层参加工作。这就使就业成了"独木桥"。其实，很多岗位还是非常需要大学生的。比如，近年来，一批新型适应非正规就业方式的职业正在不断涌现，自由演艺人员、自由软件开发人员、自由翻译人员、自由美工设计者、自由撰稿人等职业在社会上"走红"，对于缓解大学生就业压力起到了积极的作用。可见，只要大学生能转变观念、面对现实，就不难找到能够发挥自己特长的工作。

最后，避免盲目追求，正确认识自我。当代部分大学生缺乏应有的危机意识，眼高手低，盲目追求高层次、高薪酬的岗位，在择业类型和择业区域上出现"扎堆"现象，造成了供求脱节。这也是大学生就业难的原因之一。大学毕业生要改变以前的"精英就业"的观念，树立"人职匹配"的"大众化"就业观，才能实现更好就业。

第三节 培养社会适应的能力

一、提高自身基本能力

纵观中国当代大学生就业情况，用人单位对高校毕业生除了硬性的学历要求，还有基本能力的要求。近年来并不理想的就业数据充分反映了大学生基本能力并未达到大部分用人单位的预期。高校毕业生在面试过程中出现问题，可能意味着他们个人基本能力没有得到良好的训练。这个结果给在校的大学生们敲了个警钟：在主攻专业课程之余，要关注并参加提升个人基本能力的活动。同时，也给大学教育敲了个警钟：针对大学生个人基本能力发展的教育势在必行。

所谓"基本能力"，是指每个自然人应具备的适应社会生活的基础知识、基本技能、学习能力及科学与人文素养。其构成，从横向上看，主要涉及体育、艺术、综合实践活动、人文与社会、科学等多个领域；从纵向上看，关涉知识、技能与素养三个相互关联的要素。

在校期间，提高学生的基本能力成为促进就业的重中之重。学校应该转变教育意识，从培养社会性人才转变为培养社会适应性人才。

（一）培养学习的主动意识

意识在认识世界和改造世界中发挥主观能动作用。我们在学习的过程中要有充分的主动意识和明确的规划，才能达到自己想要的目标。相关调查显示，目前，越来越多的大学生感到"空虚"。这个现象表明很多大学生对学习没有一种主动意识，使得自己在相对轻松的学习环境中很难发挥主观能动作用，在学习和生活中感到迷茫。大学学习往往是"自学"，即学生根据自己的兴趣爱好和知识结构自主调配学习计划，但部分学生没有从高中的被动学习模式中调整过来，导致效果不佳。因此，要提高大学生的自主学习能力首先就是要对学生的学习主动意识进行强化，让"自学"成为一种习惯。学校要大力弘扬自主观念，推动相关活动的宣传和开展。俗话说："生于忧患，死于安乐。"在紧张的生存氛围中，学生就会主动意识到自己的不足，自觉提高自身的竞争力。

古语云："有志者，事竟成。"大学生要修正不合理的"志"，培养科学的"志"。在社会多元化发展的时代，大学生有很多的途径去实现自己的人生理想，应当要根据自己的兴趣、性格、特长找到适合自己的行业，定下正确的目标。

（二）提升专业能力和职业能力

时代在发展，科学技术在进步，经济的竞争归根到底就是知识的竞争。"活到老学到老"就是说，只有与时俱进，才能立于不败之地，否则终会被社会所淘汰。目前，很多大学生以为靠自己仅有的专业知识在大学毕业后就能找到一份好工作，因此在校期间只注重专业知识的学习。这是一种极其狭隘的认识。即使掌握扎实的专业基础知识并在某个行业得到充分的应用，也不能保证终生受用。因此，一定要走出这种思想误区，不要依赖社会和环境，要不断地奋斗和提高自身能力才能有更多发展的机会。人的一生之中，可能从事各种各样的社会生产活动，必须培养多种能力与之相适应。

如果大学生对某项职业有兴趣，但缺乏从事这项职业的能力，那么将来即使做这方面的工作，完成工作任务也是一件困难的事情，达到优秀的可能性就更小。例如，一位学习广告设计专业的大学生，对广告比较感兴趣，也进入了一家广告公司，虽然计算机应用能力较强，专业理论知识也学得不错，工作很努力，但因缺乏设计创新能力，总是设计不出有创意的作品，得不到领导和同事的认可。因此，大学生要对自我职业能力进行测试和分析，做出恰当的评价，补足短板，这样就可以结合自己的职业兴趣，选择适合自己的职业岗位，并在选定的职业中充分施展自己的才华和优势。

需要强调的是，职业能力虽然会受到先天遗传、大学前教育的影响，但不是一成不变的，而是会在实践的基础上得到发展和提高的。大学期间的学习以及将来长期从事某一专业劳动，能促使人的职业能力向高度专业化的方向发展。例如，计算机文字录入人员，随着工作的熟练和经验的积累，手眼协调能力会越来越强，录入的速度会越来越快，准确性会越来越高。因此，大学的教育培训、知识积累是促进职业能力提高的有效途径之一，在校期间学到的知识是职业能力形成的理论基础，学到的技能是职业能力形成的实践基础，在校期间的人际交往、团队协作、环境适应也都对以后更好地胜任工作有极大的帮助。同时，大学生还必须明白，职业能力的培养是一个"终身事业"，即便毕业以后，也要时刻"充电"，保持高昂的学习激情，这样才能在激烈的社会竞争中立足并取得成功。

俗话说："玉不琢，不成器。"人之所以要进行学习与提高，就是为了把自己培养成社会发展所需要的人，就是为了能担当起重任。新时代的大学生，肩负着全面建设社会主义现代化国家和实现中华民族伟大复兴中国梦的重担，因而加强自身的基本能力、专业能力和职业能力显得尤为重要。

二、创造更多的学习与实践机会

在提高自身基本能力的基础上，大学生还要进一步创造更多的学习与实践机会，主要涉及基础知识学习、基本技能锻炼、人文素质培养等方面，应关注以下几个要点。

第一，重视学校所配备的雄厚的师资力量以及营造的良好的学习氛围，主动沉浸于老师所提供的多种形式的"课堂"中，努力在基础知识的学习中掌握主动权。第二，重视学校所配备的先进教学资源和设备，积极适应并充分利用"智慧校园"体系，学会主动学习和探索。第三，主动投身到专业技能的培训中，抓住专业实习、技能培训、假期实训等实践机会，将理论和实践相结合，在实践中提升沟通能力、理解分析能力、口语表达能力等。第四，积极在学校提供的展示平台上表现自己，积极参与写作比赛、演讲比赛、辩论赛、各类交流研讨会、模拟职场等比赛或活动，训练自己的表达能力及应变能力。第五，努力进行科学研究，发表论文，参与各类科研项目及创新科技比赛，获得多方面成长。

时代发展的规律一再告诉我们，青年是改变未来的力量。大学生应该从大一开始就进行社会实践，要致力于"包装自己"，从简单的实践活动入手丰富自己的阅历，从参与一些志愿服务活动、社会实践活动开始，进而参加学校组织的各种比赛和创新活动；到了大二、大三，可以向用人单位投递简历，争取实习的机会，进入更高一个层次的实践平台，这样下来，到了面向社会的一天，才不会感觉恐惧和迷茫。

三、搭建社会关系网

人是群体性的社会动物，但凡有人的地方，就有人际关系。人际交往可谓是社会个体的本质表现，是人的本性要求。每个人都有其独特的背景、经历、思想、个性、价值观与行为方式，因而人际关系截然不同，但都对每个人的生活、学习与工作有很大的影响，影响个体价值的实现，影响个体的生存与发展。

此外，在当今社会，人与人之间的竞争尤其激烈。一个人要想在激烈的社会竞争中脱颖而出就必须学会运用人际交往去弥补自身的短板、创造上升的空间，更加明确地讲就是构建良好的社会关系网络，自己能够为他人提供一定的资源，从别人那里也能获得自己所需要的资源，为自己增添发展与成功的可能。

通过社会关系获得的资本在社会学中也被叫作社会资本。社会个体能否取得成功或者改变自己的社会地位，很大程度上要看其社会资本规模的大小。要积累自己的社会资本，核心依旧是自身的能力以及人格魅力的强化。只有拥有较强的能力、良好的道德修养、强烈的人格魅力才能被他人信任与认可，进而建立起稳定、长久的联系，形成自己的社会关系网。提高自身能力包括提升自己的知识文化水平、人际交往能力、身体素质等。提高自身的道德修养和人格魅力包括树立科学的世界观、价值观、人生观等。

在现实生活中搭建社会关系网络，需要每个个体保持理性思维、自信心态，打破传统观念，勇敢与人打交道。具体说来，要做到以下几点。

首先，要在自己所属的社会层级上进行人际交往。同自己社会层级相同或相近的人交往更加容易获得反馈及收获。这是建立自己社会关系网络的基础。这部分社会资本的利用价值也是很大的，也被叫作原始社会资本。

其次，要把握每一次机会结交值得结交的人。同值得结交的人交往，将他们纳入个人的关系网络中能为自己的社会资本增色不少，能让自己眼界更开阔、人格更完善，且更踏实、严谨地对待实际生活和工作中的问题。当然，人际交往还是应该有所偏重的，因为个体并没有太多的时间和精力去经营庞大的关系网。

最后，对人要有敏锐的判断力，制订交友的规则，不要滥交。一个损友或许能够让自己多年的苦心经营顷刻之间化为乌有。

人际交往并非易事，但人际交往能力是一种十分重要的个人能力，必须不断提升。很多人不以为意，觉得自己的处事方式很好，不用在这方面注入心力。这种想法需要修正，我们需要通过不断学习、总结人际交往的经验来提高自身的人际交往能力。一般来说，在日常的人际交往中，我们应该做到：第一，给对方留下良好的第一印象。第二，注意仪容仪表。衣着整洁，举止自然大方会给人一种亲近感。第三，待人要真诚热情，态度应该诚恳。油腔滑调、哗众取宠、打断话题、态度冷淡等都会使人感到不愉快。第四，做一个忠实的听众，鼓励别人多谈他们自己，在别人讲话时要专注地听，注意交流及回应。第五，主动交往。在现实生活中，他人不会无缘无故对我们产生交往意愿。因此，要想同他人建立良好的人际关系，就要考虑做交往的主动者。

总的来说，只有在建设自身的基础上，明确人际交往的目标，保持健康积极的心态，运用有效的技巧才能获得人际交往的成功，进而帮助自己顺利地建立起社会关系网络。搭建并优化自己的社会关系网，积累个人的社会资本是每个人的终身事业。

》》四、进行自省及自我修正

教育家陶行知先生的"每天四问"诠释的是一种高超的"自省"功夫。只要真正具备了这种自省功夫，个体便会离"更好的自己"越来越近。自省，就是通过自我意识来省察自己言行的过程。"静坐观心，真妄毕现"这句话就是说，夜深人静时，独坐观心，自我反省，便可以得到大机趣。反省，是一面镜子，是一剂良药，是把自己引向成为一个有尊严、有人格的人的阶梯。

谭伍荣在《当代大学生如何加强自省自律》中写道："大学生是时代的骄子，祖国未来之栋梁，国家建设的主力军。随着大学生群体的不断壮大，社会对大学生的关注也越来越密切，社会以一种高视角将大学生定位在高思想道德水准上。"[1] 对于大学生来说，自我修正格外重要。20岁左右的年纪，正处于价值观、人生观逐步形成的时期，如果不及时进行自我修正，很可能会误入歧途。尤其是身处当下的时代，青少年接触到的是多元化的信息及观念，其中一部分人能借助这些实现进步和成长，还有一部分人却可能受到错误的价值观引导，想走捷径收获名利，甚至做出不合时宜的行为。某杂志就曾以"中国大学生：危机四伏的一代"为题，历数了当代大学生诚信危机、道德失范、心力失控、情感迷惘等诸多问题。

大学生经过多年的教育，思想道德规范不可谓不懂，是非曲直不可谓不明。诸多问题的出现和存在，笔者认为最主要的原因是大学生没有反省，自律不够。曾子曰："吾日三省吾身。"威赫兹里特说过："人的思想如一口钟，容易停摆，需要经常上紧发条。"前贤早就明言要时刻自省、严格自律。大学生只有在思想上、学习上和生活上做到自省自律，才能解决如自律能力弱、易受不良风气影响等问题，把自己打造成

---

[1] 谭伍荣：《当代大学生如何加强自省自律》，《现代职业教育》2019年第22期。

有用的高素质之才。

谭伍荣曾明确大学生"吾日三省吾身"的主要内容：一省自己的道德品质。每日反思自己的道德思想是否发生改变，道德行为有没有践行。二省自己的学习。每日反思自己是否认真学习，是否努力实践。三省自己的生活。每日自我反省是否放纵自己，是否虚度光阴。通过不断反思、严格自律，当自我认知、自我教育到能够自我践行的时候，大学生自律体系就已经构建完成，存在的一切问题就能迎刃而解。[1]这个观念值得学习。笔者认为，大学生自省及自我修正要做到以下几点。

首先，大学生应遵守学校思想道德相关的规定，及时修正自身行为，不越界，不触碰红线，在校园中兴文明道德之风，拒绝不良行为，切实提高自身的思想道德素质。

其次，大学生要加强思想道德理论的学习和实践，学习党和国家大政方针，了解马克思主义中国化的理论成果，确立正确的世界观、人生观、价值观，力争做有理想、有道德、有文化、有纪律的社会主义接班人。当代大学生还应继承中华民族传统美德，弘扬老一辈无产阶级革命家的优良传统，增强法律意识、集体主义意识，把个人理想融入人民的共同理想之中；自觉遵守社会公德，因为社会公德是全体公民在社会交往和公共生活中应该遵循的行为准则；多参加一些公益实践活动，让思想感情得到熏陶，精神生活得到充实，道德境界得到升华。

综上所述，大学生要"吾日三省"，严格自律，不断学习，勤于实

---

[1] 谭伍荣：《当代大学生如何加强自省自律》，《现代职业教育》2019年第22期。

践，构建自省自律的精神体系。在思想上，要加强规范，树立正确的人生观、价值观，提高自身道德素质，做到修身、立德；在学习上，要努力奋斗，认真学习好专业知识，掌握专业技能，积极参加社会实践；在生活上，要独立自主、积极乐观，正确处理学业与生活、娱乐的关系。

学校和社会是有差距的，学校的运行规则和社会的运行规则有很大不同。"象牙塔"中相对封闭的环境，可能会使身处其中的大学生对社会的看法趋于简单化、片面化和理想化。用人单位对应届毕业生缺乏认可及信任，其中一个重要原因就是刚毕业的大学生缺乏工作经历与生活经验，角色转换慢，适应过程长。用人单位在挑选和录用大学毕业生时，在同等条件下，往往优先考虑那些参加过社会实践、具有一定组织管理能力的毕业生。这就需要大学生在就业前就注重培养自身适应社会、融入社会的能力。

借助社会实践平台，大学生可以提高自己的组织管理能力、心理承受能力、人际交往能力和应变能力等，还可以了解到就业环境、政策和形势等，有利于找到与自己的知识水平、性格特征和能力素质等相匹配的职业。

对社会和环境的适应应该是积极主动的，而不是消极的等待或望而却步。大学生只有具备较强的社会适应能力，走入社会后才能缩短自己的适应期，充分发挥自己的聪明才智。因此，在不影响专业知识学习的基础上，大胆走向社会、参与各类社会活动是大学生提升自身就业能力的有效途径。

第四节　培养良好的心理素质

大学生未来将成为社会的中流砥柱，承担建设祖国的重任，其综合素质的高低影响着国家及社会的发展。但当代大学生中不乏"高分低能者"。他们只注重专业知识学习，忽视心理素质的培养，在面对困惑或逆境时，总是表现出一脸的茫然，在求职过程中一旦遭遇失败便一蹶不振。这也是大学生就业难的原因之一。

因此，大学生在求学过程中应注意提高心理素质，尤其要培养坚忍不拔的品格；在求职中，充分了解就业信息，沉着、冷静应对所遇到的困难，用积极的心态扫除成功路上的障碍，直到到达胜利的彼岸。

一、树立自信心

任何一个场合，自信都是十分重要的。许多歌词中都曾说明自信的重要性："我相信我就是我，我相信明天，我相信伸手就能碰到天……"备受大众关注的《最强大脑》的主题曲也唱道："我相信我自己，我相信我就是奇迹。"这些歌词并非空谈，而是实际的。在《最强大脑》的舞台上，几乎每个参赛者都有非一般的自信心。比如，令所有人记忆深刻的微观分辨者——王昱衡。他在一次与日本选手交手的过程中选择了难度更大的解法并更快更好地完成了任务。当所有人都质疑他，他却丝毫不怀疑自己的能力，回应道："我觉得我只有两种可能，要么找不着，要么就不会错。"此话一出，在场的人都笑了，是在赞赏他的大智大勇，也是在为他的自信而喝彩。

王昱衡这样的人毕竟占少数，现实生活中的大部分大学生不具有他所展现的自信和傲气。有的学生甚至是自卑的，因家庭自卑，觉得原生家庭不够富裕，亲子关系不够融洽等；因学历而自卑，觉得自己的专科、二本学历不够好，认为自己平平无奇、泯然众人；因长相而自卑，觉得自己没有俏丽的脸庞、白皙的皮肤、精致的五官；或是因身材而自卑，因性格而自卑……他们可能走路不敢抬头，不会主动和他人交流，不敢去公共场合，不敢表达自己。但大学生需要知道，只有自信，不再怀疑自己，才能摆脱焦虑和不安，增强钝感力，发现自己其实能大有作为。大学生要坚守自己的内心而不是随波逐流，催促自己前进，而不是通过和别人的比较来获得动力；同时，也要正视自信，明白自信并不是所有事情都能做到万无一失，而是接受自己的不足和失败。

大学生培养自信，要做到：第一，学会接受赞扬。当别人向自己表达赞扬时，不用觉得不好意思，大方接受就好。第二，多和优秀的人接触。遇强则强，学习别人的成功经验、学习习惯、思维方式，自己也会变得不错。第三，大量阅读，保持积累知识的状态，让自己的言谈举止变得有深度，眼界更开阔。第四，培养自律能力。第五，多做自己擅长的事，来获取认可，激发自信。第六，维护个人形象，给自己底气。

雨果说："对那些有自信心而不介意于暂时成败的人，没有所谓失败！对怀着百折不挠的坚定意志的人，没有所谓失败！对别人放手而

第二章
发挥学生主体作用，提升核心竞争力

他仍然坚持、别人后退而他仍然前进的人，没有所谓失败！对每次跌倒而立刻站立起来、每次坠地反会像皮球一样跳得更高的人，没有所谓失败！"[1] 提奥多·罗斯福说："也许个性中，没有比坚定的决定更重要的成分。小男孩要成为伟大的人，或想日后在任何方面举足轻重，必须下定决心，不只要克服心理障碍，而且要在千百次的挫折和失败之后获胜。"[2]

自信，应该是新时代大学生的必备特征。

二、培养进取心

进取心是指不满足于现状，坚持不懈地追求新目标的蓬勃向上的心理状态。人类如果没有进取心，社会就会停滞不前。正如鲁迅先生所说："不满是向上的车轮。"社会之所以能够不断发展进步，一个重要的推动力量，就是我们拥有这只"向上的车轮"，即我们常说的进取之心。

具有进取心的人，会为自己设定较高的工作目标，不甘落后，不拘泥于自己所学的专业，勇于向未知领域挑战，对于学术和知识，抱着敬佩和怀疑的双重态度；主动并及时地学习，有旺盛的求知欲和强烈的好奇心，能不断接受新事物的出现，更新自己的知识，提高自己的个人能力；会根据组织总的目标，制订个人的发展目标，并为之努力奋斗。

部分学生经历了高考的选拔，进入了心仪的大学，证明了自身的实力，但踏入梦想中的大学校园之后，却失去了进取心，进入被动学习的

---

1 刘巍、袁元：《名人修身名言录》，北方文艺出版社，2005年版，第234页。
2 汤丽桃：《指导你人生的名人名言》，蓝天出版社，2011年版，第158页。

状态，浑浑噩噩度日。这不利于大学生的成长成才。当代大学生培养进取心，必须做到以下两点。

第一，始终秉持主动学习的态度。学习是个人毕生的事业，主动学习更是发现探索知识世界乐趣的通路。[1] 三天不念口生，三年不做手生。没有时间学习只是懒惰者拖延的借口。主动学习者决不会因为忙碌而放弃充实自我。"一个人只要志愿读书，断没有腾不出时间的。"王云五先生教诲道。勤能补拙，笨鸟先飞，坚持主动学习，才能每天进步。

第二，制订合理的学习计划。每个人都需要有明确的学习目标，有了目标才有方向，有了方向才有学习的动力。

三、提升应对挫折的能力

挫折，是指人们在有目的的活动中遇到的无法克服或自以为无法克服的障碍，使其需要或动机无法得到满足的情况。在心理学上，挫折指个体有目的的行为受到阻碍而产生的必然的情绪反应，会给人带来实质性伤害，表现为失望、痛苦、沮丧不安等。挫折包含三个方面的要素，一是挫折情境，二是挫折认知，三是挫折反应。

大学是一个小型社会，大学生同样面临着许多的挫折，主要包括以下几种。

一是生活挫折。广义的生活挫折泛指在社会生活中遇到的所有挫折；狭义的生活挫折主要是指生活上的一些困难和不适应。

二是学习挫折。学习挫折指学习上产生各种困难对人的心理的影

---

1 郭太风：《王云五评传》，上海书店出版社，1999年版，第10页。

响。例如，刚刚进入大学的新生，都面临着需要重新适应校园生活及学习的过程。在这一过程中，有些同学因不适应大学的学习而产生挫折感，如学习抓不着头绪，找不到有效的学习方法，不会安排学习时间，不想学习，感到学习负担过重、学习有困难等。也有一些大学生因所学专业并非自己的理想专业而感到失落。

三是交往挫折。交往挫折主要表现为交往不顺或人际冲突。交往不顺主要包括：想结交一些朋友，但不知道如何去结交；因性格内向、孤僻而无法和别人沟通；因自卑、胆小而不敢与别人交往；在交往中过分挑剔别人，感到找不到知音而陷入孤芳自赏的境地。人际冲突是指在与同学、朋友的交往中，由于脾气不好，缺乏同情心、责任心，总是以自我为中心等而容易与他人产生摩擦。

四是情感挫折。在友情方面，情感挫折主要表现为与朋友产生误解、朋友关系疏远、交不到知己等；在亲情方面主要表现为自己的做法得不到亲人的理解、失去亲人等；在爱情方面，主要表现为与恋人交往不顺，失恋，或陷入单恋、多角恋等。

五是择业挫折。择业挫折即就业过程中遇到的各种困难与阻力。例如，开始寻找工作时雄心勃勃，几经碰壁后便无所作为、自暴自弃；在校期间不认真学习，难以就业；因寻找工作不易，导致畏难心理，害怕毕业，畏惧走上社会。

六是社会认知挫折。社会认知挫折是指由于对社会的评价和期望与现实情况产生矛盾所导致的挫折。从中学走进大学，大学生对社会的接触与了解日益增多，也逐步有了自己对社会的认识与评价。对于对社会怀着美好憧憬的大学生来说，当看到现实社会存在的种种问题与弊端，就会因理想的破灭而感到失望和沮丧，因而产生挫折感。

七是大学生自身的身心限制与需求冲突，表现为自豪与自卑的冲突、独立与依赖的冲突、自由与自律的冲突、强烈交往需要与孤独感的冲突等。

大学要提高抗挫折能力，需要做到以下几点。

第一，认识到挫折存在有它的普遍性与必然性。任何人在成长过程中都不可避免地会遇到不同程度的挫折。大学生要理解挫折是人生中不可避免的一部分，做好充分的心理准备；在遭遇挫折后，要承认挫折已经发生的事实，向前看，思考如何克服，把挫折当作进步的阶石、成功的起点，从而不断取得进步。

第二，认识到挫折具有双面性。巴尔扎克说过："世界上的事情永远不是绝对的，结果完全因人而异。苦难对于天才是一块垫脚石，对于能干的人是一笔财富，对于弱者是一个万丈深渊。"自学成才的大师王云五也曾在《岫庐八十自述》中写道："幸而从小借苦斗而养成之习惯，对任何挫折，悉视同命运予我之试验，而以解决难题为无上之自我报酬。"大学生需要认识到挫折会给人以打击，带来损失和痛苦，但也能使人受到磨炼和考验，从而变得坚强起来、成熟起来，帮助人积累知识、增强才干，获得解决问题的智慧。

第三，接纳自己。首先，大学生要对自己有一个正确、全面的认识和评价，既要肯定自己的优点和长处，同时也要承认自己的不足之处，心平气和地接受自己的一切；其次，要知道怎样规避自己的缺点，发挥自己优势，争取最大限度地激发自身潜力，获得成长。

第四，适当宣泄。适当宣泄可以使受挫折的人自由、顺畅地表达受压抑的情绪，包括多种方式。例如，写日记或者纸条把内心的不满情绪表达出来；找一两个亲近的人、理解自己的人，将心里的委屈和想法全部讲出来；借助运动，消耗体力，分散注意力。但是，需要注意宣泄一定要注意分寸，不要过度。

四、提升环境适应能力

心理学家艾芙考曾指出，适应是个体与环境的互动关系，包括两重含义，首先是个体对自然或社会环境的顺应，其次是个体根据环境条件改变自身，调解自身与环境的关系，使之协调并有利于自身的发展。

环境适应能力一般包括以下内容：个人生活能力、基本劳动能力、选择并从事某种职业的能力、社会交往能力、用道德规范约束自己的能力。

部分学者研究认为，大学生的环境适应能力包括学习生活适应能力、专业适应能力、集体生活适应能力、考试负担适应能力、人际交往适应能力、自我意识适应能力，六者相辅相成，紧密联系，相互渗透，相互依赖。[1] 学习生活适应能力的培养，要求大学生梳理自我管理意识，合理规划自己的大学生活，订立长远的奋斗目标，以实现自我计划、自我激励、自我控制，乃至自我发展。专业适应能力的培养，要求大学生通

---

[1] 班梦姣、王永杰：《提高大学生环境适应能力的方式方法》，《中国教育技术装备》2012年第36期。

过多样的渠道，加深对学校及专业的了解，建立对未来发展的自信心。集体生活适应能力的培养，要求大学生认清自己的优点与不足，合理地扬长避短，不断完善自我，同时也要包容他人的缺点，做到豁达而不苛求。考试负担适应能力的培养，要求大学生自主激发学习兴趣，多从学习中挖掘积极体验。人际交往适应能力的培养，要求大学生系统学习人际交往理论知识，加深对人际交往的理性认识，多从事社会实践与志愿服务活动，在实践中锻炼自己的沟通交流能力。自我意识适应能力的培养，要求大学生多内省，积极观察评价自己的状态。

良好的环境适应能力有助于大学生营造和谐的工作、生活氛围，能够帮助大学生在人际沟通中获得积极的心态，是大学生进行团队合作的重要前提，对大学生找准社会定位，不断提高自身的发展，形成健全人格具有导向作用。

五、掌握心理调适方法

心理调适也译作"心理调节"，是指用心理技巧改变个体心理活动的绝对强度，减弱或加强心理力量，改变心理状态性质的过程。心理调适分自我调适与他人调适两种，具体包括认知结构调适、情绪调适、意志调适、个体调适以及注意力调适等。心理调适主要具有预防功能、恢复功能、激发功能。

大学生进行心理调适，可以使用以下几种办法。

第一，回避，即转移注意力，尽可能躲开导致心理困境的外部刺激。在心理困境中，人的大脑里往往会形成一个较强的兴奋灶。回避了相关的外部刺激，可以使这个兴奋灶让位给其他刺激引起的新的兴奋灶。兴奋中心转移了，也就摆脱了心理困境。

第二，转视，即换个角度看问题。不是任何来自客观现实的外部刺激都可以回避或淡化。但事物都有积极和消极的方面。同一客观现实或情境，从一个角度来看，可能会引起消极的情绪体验，使人陷入心理困境；从另一个角度来看，也许就可以发现它的积极意义，从而使消极情绪体验转化为积极情绪体验，走出心理困境。就如古诗所云："横看成岭侧成峰。"

第三，变通，即变恶性刺激为良性刺激，利用酸葡萄与甜柠檬效应，心理学上又叫合理化。通过找一些理由为自己开脱，以减轻痛苦，缓解紧张，使内心获得平衡。

第四，换脑，即换一种认知解释事物。更新观念，重新解释外部环境信息，也就相当于换一个脑袋思考、解释问题。在个体出现心理矛盾和冲突的时候，可以通过换脑法，减少或消除心理认知与心理体验的矛盾冲突。

第五，升华，即让积极的心理认知固着，把挫折变成财富。人的心理问题长期不能得到解决，往往与他们的消极心理固着有关。克服心理固着的有效方法是进行心理位移，即选择一种新的、高层次的、积极的、利于他人和社会的心理认知固着代替旧有的心理认知固着，从而改变消极的心理状态。

第六，补偿，即改弦易辙不变初衷，失之东隅收之桑榆，在目标实现受挫时，通过更替原来的行动目标，求得长远价值目标实现的一种心理调适方式。人们难免会由于一些内在的缺陷、外在的障碍以及其他种种因素的影响，让最佳目标动机受挫。这时，可以采取种种方法来进行弥补，以减轻或消除心理上的困扰。

第七，求实，即切合实际调整目标。当实现目标的过程中受挫时，就会产生心理紧张或痛苦，避免或缓解这种状况的一个有效措施，就是及时切合实际调整自我，并变换实现目标的途径和方法。

这几种办法可以很好地解决大学生在学习和生活中可能会面临的种种心理问题。大学生因为心理问题而放弃学业，陷入低迷，甚至轻生的案例时有发生。因此，如果很好地掌握了心理调适方法，大学生可以自主纾解生活和学习方面的各种压力。人和人之间相互联系，但是人首先是独立的个体，不能任何事都依赖他人的帮助。在真正面临问题时，积极寻找解决之道才是使自己最快脱离困境的通路。所以，大学生学习并掌握心理调适方法是非常重要的。

培养大学生心理素质包含多个方面，如自信心的树立，进取心的培养，应对挫折的能力及环境适应能力的提升，心理调节方法的掌握等。大学学习阶段是人一生中的黄金时期，是记忆力发展的顶峰，又是品德、信念、个性的形成时期，也是思维活跃、创造力上升的阶段。大学生应通过大学教育有意识、有目的地培养，形成良好的心理素质，如此，才能为提升就业能力打下坚实的思想基础。

第五节　形成良好的职业精神

职业精神简单来说细分为职业理想、职业态度、职业责任、职业技能、职业纪律、职业良知、职业荣誉、职业作风。只有对上述职业精神的具体内容有了清晰的认知，培养正确的职业观念，才能养成良好的职业精神。

一、树立正确的职业理想

（一）什么是职业理想

理想是人们在实践中形成的具有现实可能性的对未来的向往和追求。职业理想是人生理想的重要组成部分，是人们对未来职业的向往和追求，决定着人们在职业生活中的事业心和责任感；是社会发展的产物，是随着生产力的发展和社会分工的出现而逐步产生和发展起来的。

（二）职业理想的作用

职业理想具有如下三个方面的作用。

第一，职业理想是职业选择的向导。由于职业理想是对未来职业的向往，一个人一旦确立了科学的职业理想，就应当朝着实现这一理想的方向去努力。为了实现自己的职业理想，首先必须选择一个与之相适应的职业，这个职业可以是所从之业，也可以是所创之业。否则，职业理想就无法或者说很难得到实现。因此，在进行职业选择时，职业理想能起到非常重要的导向作用。

第二，职业理想是取得职业成功的推动力。无论是从业还是创业，每个人都有自己的职业理想。为了实现自己的职业理想，从学生时代起，每个人必须积极进行相关知识的积累和相关能力的培养；走上职业岗位后，还要利用自己所学的知识和所掌握的技能，努力地、创造性地做好岗位工作，力争取得优异的工作成绩，并最终取得职业成功。

第三，职业理想是事业成功的精神支柱。职业理想是成就事业、推动社会进步的精神力量。有了这样的精神力量，无论是在职业准备、职业选择时，还是就业或创业的过程中遇到困难、曲折时，都会朝着已经确立的职业理想的方向前进，直到取得事业上的成功。

（三）职业理想的树立

每个人由于思想素质、道德观念、知识能力、家庭背景、对外界影响的接受程度不尽相同，也就不可能有统一的职业理想。

要树立正确的职业理想，大学生必须做到如下几点。

第一，全面地认识自己。大学生要树立正确的职业理想，必须全面地认识自己，具体包括：全面认识自己的生理特点，如性别、身高、体重、视力、健康状况、相貌等；全面认识自己的心理特点，如兴趣、能力、气质、性格、道德品质等；全面认识自己的学习水平和将来可能达到的状态；正确认识自己的身心特点、学识能力等与未来职业需要之间的差距。同时，大学生要在全面认识自己的基础上，结合自己的发展潜力，

第二章 发挥学生主体作用，提升核心竞争力

对自己进行合理的定位，只有这样，才能制订出一个适合自己特点的、切实可行的奋斗计划，也才能确立一个可以实现的职业理想。

第二，全面地了解社会。首先，大学生要了解党和国家的路线、方针、政策；其次，要了解我国的基本国情；其三，要了解我国社会的经济构成及其发展状况；其四，要了解各地区的产业结构、行业结构和职业结构；其五，要了解各种产业、行业和职业对从业人员共同的基本要求和不同的具体要求；其六，要了解自己所学专业对应的职业群，以及该职业群在社会主义建设中的地位和作用；最后，要了解该职业群中各种职业的社会价值、工作性质、工作条件、工作待遇、从业人员的发展前途。

第三，树立正确的人生观。人生观是人们对于人生目的和人生意义的根本看法和根本态度。持不同的人生观的人，其职业理想也一定不同。正确的人生观会产生正确的职业理想，错误的人生观则会产生错误的职业理想。因此，要根据时代的要求、社会发展的要求，坚持以辩证唯物主义和历史唯物主义的立场、观点和方法看待人生，树立正确的价值观、苦乐观、幸福观、荣辱观，进而树立为人民服务的人生观，坚持以维护最广大人民群众的根本利益为核心，坚持以实现社会主义共同理想为目标，不断加强学习，提高自己的思想道德及文化素质，不断地完善自我，做到自尊、自爱、自强。只有这样，才能使自己的职业理想符合人民大众的根本利益，把个人发展与国家发展、人民幸福有机地结合起来，使自己在从业或创业的过程中，既实现自己的人生价值，又为人民、为社会做出应有的贡献。

第四，树立正确的职业观。职业观是人们在选择职业与从事职业中所持的基本观点和基本态度，是理想在职业问题上的反映，是人生观的重要组成部分。职业观具有三个基本要素：一是维持生活，二是发展个性，三是承担社会义务。在三个基本要素中哪一个要素占主导地位，将决定一个人职业观的类型与层次。正确的职业观是把三个基本要素统一起来，以承担社会义务作为主导方向。

二、培养积极的职业态度

（一）什么是职业态度

职业态度主要是指从业人员对自己所从事职业的看法以及所表现的行为举止。职业态度包括选择方法、工作取向、独立决策能力与选择过程的观念。简而言之，职业态度就是指个人对职业选择所持的观念和态度。就其本质而言，职业态度就是劳动态度，是从业人员对社会、对其他社会成员履行职业义务的基础，具有经济学和伦理学的双重意义。

（二）职业态度的影响因素

职业态度的影响因素可以分为以下四大类。

第一，自我因素。自我因素包括个人的兴趣、能力、抱负、价值观、自我期望等。自我因素多与个体的成长背景相关，是在个体成长过程中一点一点慢慢形成的。个体若能对自我因素有深入的了解，将更清晰何种职业比较适合自己，也能做出更明确的职业选择。个人在选择职业时所表现出来的态度，也是自我因素的外在表现。但若只是依照自我因素来选择职业，有时难免会产生与社会格格不入的感觉。因此，大学生在选择职业时仍必须考虑其他因素。

第二，职业因素。职业因素包括职业市场的需求，从事该职业的薪酬待遇、环境、发展机会等。对职业因素有越深的认识，就越能够掌握真确的职业信息，也可以获得比较切合实际的职业选择。相反地，对职业因素认知有限的人，甚至连何处有适合自己的工作机会都不清楚，更遑论做出明确的职业选择。

第三，家庭因素。家庭因素包括父母期望、家庭背景等因素。从国内外研究看，家庭教育对个人发展的影响较为明显。而且，不论学历、社会地位高低，大多数的父母都希望自己的子女能从事更具有发展性的工作。因此，家人的意见通常会影响个人的职业态度。

第四，社会因素。社会因素包括同侪关系、社会地位、社会期望等因素。在职业发展的过程中，个人的最终目标是在其职业上能有所建树。有更多的人希望自己能成为社会中有身份、有地位的人。虽然这不一定是正确的观念，但或多或少也影响了个人的职业态度。

为了提升就业能力，大学生应培养正确的职业态度，勇敢地面对生活中所遭遇的挫折和坎坷，以一种豁达、乐观的心态去平静地思考、分析问题。

三、明确职业责任

职业责任是指个体在一定职业活动中所承担的特定的责任，包括在承担这种责任过程中所应该具备的义务感和责任感。

职业活动是人一生中最基本的社会活动。职业责任是由社会分工决定的，是职业活动的中心，也是构成特定职业的基础，往往通过行政甚至法律的方式加以确定和维护。职业责任具有明确的规定性，与物质利益存在直接关系，具有法律或纪律的强制性。职业责任是责任、权利与义务的综合体，有多大的权利就应该承担多大的责任，有多大的权利和责任就应该尽多大的义务，不能将它们割裂开来。不明确自己的职业责任，就无法得知自己的定位，无法明确自己的工作内容。

为了提升就业能力，大学生应自觉明确和认定自己的职业责任，树立职业责任感，认真对待职业责任教育和培训，以质量观念促进责任意识，对各项岗位规章制度有清晰的认知。

四、提升职业技能

（一）什么是职业技能

职业技能是指在职业分类的基础上，根据职业活动的内容，对从业人员能力水平的规范性要求。它是从业人员从事职业活动、接受职业教育培训和职业技能鉴定的主要依据，也是衡量劳动者从业资格和能力的重要尺度。[1]

掌握一门职业技能，是大学生顺利就业的途径之一。提高职业技能，一方面是为了满足社会发展、组织进步的需要；另一方面，也是推动个体职业发展的重要因素。

---

[1] 周彤、姜艳、马兰芳：《职业心理素养》，南京师范大学出版社，2017年版，第139页。

（二）职业技能的分类

为了提升就业能力，大学生应有针对性地培养职业技能。一般可以把职业技能划分为三种：专业技能、人际关系技能和解决问题的技能。

第一，专业技能。专业技能既包括最基本的技能——阅读能力、写作能力、计算能力，也包括与特定职业相关的能力。随着科技的进步、商业的发展，绝大多数职位的要求都变得更加复杂。自动化办公、电子商务、企业的ERP管理系统等，都要求从业人员具备更多元的技能，具有快速从事某一职业的适应性。大学生应克服狭隘的专业和职业观念，适当拓宽知识面，以提升专业技能。

第二，人际关系技能。每个员工都从属于一个组织。从某种程度上讲，员工的工作绩效取决于与其同事和领导者的有效相处能力。因此，需要不断强化人际关系技能，包括学会做一个好的听众、同他人更好地沟通自己的思想、避免冲突等。

第三，解决问题的技能。在具体的工作中，劳动者常常需要解决一系列的问题。那些非常规的、富于变化的行业更是如此。如果解决问题的技能不尽如人意，那么可以通过强化逻辑推理能力，制订解决问题的可行性方案来达到目的。

五、遵守职业纪律

（一）什么是职业纪律

职业纪律是劳动者在从业过程中必须遵守的从业规则和程序。它是保证劳动者执行职务、履行职责、完成自己承担的工作任务的行为规则。

职业纪律覆盖整个劳动过程，包括工作时间、劳动态度、执行生产、安全、技术、卫生等规程的要求。

职业纪律是人们必须遵守的行为规则，是履行职业责任的重要保证，体现了人民的利益和要求。为了提升就业能力，大学生应熟记职业纪律，维护正常的工作程序，保证社会主义劳动生产顺利有序进行；应安全规范地行使自己的劳动权利，提高劳动效率，进而提高所在单位的工作绩效；应促进所在单位科学管理水平的提升、内部管理的制度化。

（二）职业纪律的种类

一般可以将职业纪律分为以下六类。

一是时间纪律，即劳动者在作息时间、考勤、请假方面的规则。

二是组织纪律，即劳动者在服从人事调配、听从指挥、保守秘密、接受监督方面的规则。

三是岗位纪律，即劳动者在完成劳动任务的过程中履行岗位职责、遵守操作规程、遵守职业道德方面的规则。

四是协作纪律，即劳动者在工种之间、工序之间、岗位之间、上下层次之间的连接和配合方面的规则。

五是安全卫生纪律，即劳动者在劳动卫生、环境保护方面的规则。

六是品行纪律，即劳动者在廉洁奉公、爱护财产、厉行节约、关心集体等方面的规则以及其他相关纪律。

（三）职业纪律的特征

职业纪律具有以下四个特征。

第一，职业性。职业纪律的职业属性明显，以职业活动和职业性质的特色为根据，结合用人单位工作的具体特点，以劳动者职业行为为调整对象，对劳动者产生约束力。

第二，安全性。职业纪律的重要目标在于实现劳动安全，对劳动者劳动生产的安全开展起到重要的保证作用。

第三，自律性。劳动者在长期的职业实践中，为维持和保护自己的安全和健康，出于自身利益的考虑，也要求有一套能保证正常生产劳动的规则和程序。因此，职业纪律又是劳动者自觉自愿遵守的规则。

第四，制约性。劳动者违反职业纪律要受到惩罚。一般而言，违纪行为要受到用人单位的行政处罚或经济惩罚，触犯刑律则要承担相应的刑事责任。

六、拥有高度的职业良知

职业良知是指有特殊职业的从业人员领悟了社会对自己的要求，因而具有的为社会尽具体义务的明确意识。简单地说，职业良知就是从业人员对职业责任的自觉意识。

职业良知通常以两种方式作用于从业人员的职业道德实践，一种是直觉的方式，一种是理智的方式。直觉的作用形式是职业良知以一种无形的力量，甚至是下意识的本能、顿悟，使人的行为沿一定的方向进行。理智的作用方式是经过职业道德的评判而做出的深思熟虑的、合乎理性的选择，使人自觉遵守职业道德规范，履行自己的职业义务。

为了提升就业能力，大学生必须具备职业良知，做到以下几点。

首先，要根据履行职业义务的要求，对行为的动机进行自我检查，凡符合职业道德要求的动机就予以肯定，凡不符合职业道德要求的动机就进行抑制或否定，从而做出正确的选择或决定。

其次，要培育并坚持符合职业道德要求的情感、意志和信念，抑制不符合职业道德要求的情绪、欲望或冲动，自行改变行为方向和方式，纠正自私欲念或偏颇情感，避免产生不良后果。

再次，以职业良知对自己的职业活动及其结果做出评价。如存在因没有履行职业义务而产生的不良后果和影响，要积极进行自省，主动自觉地纠正错误。

职业良知对从业人员的职业活动有着重大的影响，往往左右着从业人员职业生活的各个方面，贯穿于职业活动的全过程，是从业人员的重要精神支柱。因此，大学生必须重视培养职业良知。

七、保持职业荣誉感

（一）什么是职业荣誉感

职业荣誉感是指从事某职业的个人在获得社会组织或所在单位对自己履行职业义务的专门性和定性化的积极评价后，所产生的道德情感。

（二）职业荣誉感与职业道德

一种职业之所以能够在社会中存在和发展，是因为它能够满足社会本身存在和发展的需要，这种需要客观上规定了这种职业的社会作用和特性，并且令从事该职业的个体在精神以至制度层次上形成职业道德。职业道德一旦产生，就会对这种职业产生不能低估的影响作用。如同社会道德与社会荣誉感的关系一样，作为职业道德的高级组成部分，职业荣誉感对这种职业道德存在显而易见的影响，即它维护和激励着这种职业道德，并且通过职业道德对该职业产生作用。没有职业道德就没有职业，而没有职业荣誉感的职业道德也难以想象。

为了提升就业能力，大学生必须具备职业荣誉感。职业荣誉感是敬业爱岗的具体表现，是从事该职业的道德情感。若失去职业荣誉感，失去对职业的兴趣，一旦个体受到不同程度的刺激，道德情感的崇高性就会渐渐被世俗追求所取代。

八、端正职业作风

（一）什么是职业作风

职业作风是指从业者在其职业实践和职业生活中所表现的一贯态度。

职业作风是敬业精神的外在表现。敬业精神的好坏决定着职业作风的优劣，而职业作风的优劣又直接影响着企业的信誉、形象和效益。从某种意义上讲，职业作风关系到企业的兴衰成败。端正职业作风，就要纠正行业不正之风，以职业道德规范职业行为。

（二）职业作风与职业道德

职业作风是从业者在职业行为中的习惯性表现。从总体上看，职业作风是一种习惯势力。社会主义的优良职业作风具有积极的潜移默化的教育作用。它好比一个职业道德的大熔炉，能把新的成员迅速锻炼成有良好职业道德的从业者，使老的从业者继续保持优良的职业道德传统。为了提升就业能力，大学生必须具备正直的职业作风，发扬符合职业道德的好思想、好品质、好行为，抵制不符合职业道德要求的坏思想、坏品质。一个职业团体有了优良的职业作风，成员间就可以互相教育、互相影响、互相监督，形成良好的职业风尚。

第三章
发挥高校教育引领作用，提升学生就业能力

第一节 明确高校办学定位

一、办学定位不准的主要表现

要充分有效地解决大学生就业困难这一问题，必须深刻认识到大学办学定位不准给大学生就业带来的影响。目前我国部分高校存在着办学定位不准的问题，主要表现为以下五点。

（一）忽视起点，盲目发展

每一所高校都拥有不同的现实条件，发展起点至多相似而绝无相同。部分高校在"扩招"潮流的影响下，兴起银行贷款，扩充校舍，扩建校区，在要求不严格的情况下引进师资以达到相关指标，走着"轻内涵、重形式"的办学道路。由于受原有办学水平制约，这些学校无法应对急速扩张后出现的一系列教学、管理、校园文化建设、资金使用等问题，使其师资优化、学生培育均受到了严重影响。

（二）重视"升格"，轻视教学质量提升

近年来，部分高校出现了积极"升格"的现象。办学者们追求提升办学层次，形成了一派"专升本，本申硕，硕申博，力争211，拼抢985"的热闹景象。部分高校热衷于根据相关评价指标来"量身打造"自己，通过"达标"，实现"升格"，进而获得高校管理发展业绩。如此简单

的发展逻辑让学校失去了教育的多元特性，为学校的可持续发展带来了隐患，影响了人才培养的质量。

（三）办学规模"求大求全"，人才培养"去精去细"

为追求更名或排名，部分单科目学校想办成多科目学校，多科目学校想办成综合性学校。因此，部分高校办学规模不断扩大。综合性大学越来越多，并形成一些"巨型"大学。招生人数大量增加，学科设置扩张，导致大学生培养呈现"流水线生产"趋势，无法保障教学质量，部分学科毕业生供过于求，造成了高校毕业生的结构性失业。

（四）追求科学研究，忽视人才培养

部分本应属于教学型的高校欲向研究型、学术型性高校转变，便偏重以科研成果量来评价教师而忽视了教学评价。这种评价导向使高校的办学目标偏移，教师也难于安心教书育人。

（五）课堂理论教学过多，实践教学过少

部分高校教师忙于科研或"第二职业"，教学知识陈旧，强调理论性，脱离实践，使学生在知识应用当中出现困难。

以上表现直接影响着人才培养的种类、方式、特点和质量。从某种意义上讲，大学生的就业已经因学校的定位而被"定格"。当学校定位出现严重问题的时候，不难想象，这些被"定格"的学生，在就业市场上将会面临怎样的景象。

二、依照办学定位确定就业指导工作

(一) 办学定位, 事关高校生存发展

明确办学定位是高校健康发展的起点。只有找准了自己的位置,高校才能打牢基础,务实地谋求自身发展,才能使得整个高等教育系统更加坚强有力,从而培养出社会需要的实用型人才,实现大学生就业工作的有序化、高效化。

(二) 办学定位清晰准确, 为学生就业创造空间

做好大学生就业指导工作,必然是以高校的办学定位为基础的。高校定位要有充分的前瞻性和可行性,要面向社会、面向市场,要与经济、科技、社会和文化发展紧密结合,服务地方,以贡献求生存,以特色求发展。特别是大多数地方高校,其主要办学目标应该是满足地方或区域经济建设与社会发展需要,培养大批下得去、留得住、用得上的高级应用型人才。

(三) 做好硬件软件建设, 为培养优势人才提供保障

做好大学生就业指导工作,必须以学校的人才培养质量为保障。高校要根据办学定位,统筹各种办学资源,科学制定人才培养方案,建设师资队伍,制定相应的管理制度,形成特色和创造品牌。学科布局、专业设置应该体现区域经济支柱产业发展的需要、区域经济新兴产业的发展方向和地方社会经济发展的需求。人才培养要切实体现在学生的学习能力、创新能力、就业能力、创业能力的提高上,坚持"特色比全能更重要"的理念,做到"人无我有、人有我优、人优我精",通过找出自

身的比较优势和劣势，提升人才培养质量。

（四）高度重视招生工作，提高人才培养效益

做好大学生就业指导工作，必须前移工作阵地。生源作为一个高校的办学基础，直接影响着高等学校教学质量和办学水平的高低，影响着学生毕业后的就业情况。高校的招生宣传工作，除全面、真实、准确地向社会公众以及广大考生介绍学校的自然环境、办学性质、规模层次、教学设施、师资实力、收费标准、专业前景、贫困生资助体系等情况外，还要引导学生自己去比较、鉴别，从而根据个人志趣爱好、学业所长、个性特点及家庭承受能力，扬长避短，在充分发挥自身优势的基础上对今后的发展做出合理的定位，做出求学的判断和选择，让学校能招到想要的学生，让学生找到自己热爱的学校和专业。

（五）做好常规就业指导服务工作，为人才就业提供有效通路

做好大学生就业指导工作，必须全面做好学生就业服务工作。高校要把对学生的专业教育、思想道德教育、人文素质教育、科技创新教育、社会实践教育紧密结合起来，让大学生在校期间不仅能学到扎实的专业知识，还能学会做人做事，能够从容不迫地选择就业和接受市场的选择。高校要指导学生了解就业形势与就业政策，帮助学生进行求职择业技巧的训练，进行自我调查，恰当定位，明晰择业目标；同时，建立各种有效就业平台，如计算机查询中心，利用校友会、学校官网、宣传栏、招聘会等方式，为用人单位和学生建立沟通渠道，促进学生积极、有效就业。

（六）完善反馈机制，提升课程质量

高校可以通过各类交流联谊活动，及时获取社会各界对毕业生质量、学校教学质量的评价信息，最终形成反馈意见，为学科建设、课程设置、教学改革提供参考。高校也可以邀请毕业校友进行座谈，获取有关培养质量和专业质量等方面的信息，听取校友在工作中的感悟和体会，进而改进教学内容、教学方法，提高教学质量。

第二节　优化高校人才培养和课程体系

一、就业指导类课程的教授

目前，高校基本上都已开设了"大学生职业生涯规划与就业创业指导"课程，但对课程体系构建、教学方案制订、师资队伍建设都没有明确的规定，一般由辅导员代授该课。高校就业部门应收集掌握最新就业资讯，组织专业人员对授课教师进行定期培训，完善教学大纲，更新数据资料；同时，对该课程的师资队伍进行专业化管理。

通过该课程对学生进行职业生涯规划意识、自我定位等的专业指导，引导学生进行充分的自我剖析，使其面临就业选择时有能力制订职业目标，并找到一条适合自己发展的路径。通过该课程的学习，大学生可以更好地了解所学专业的发展方向，并知晓未来将要从事职业的任职

第三章
发挥高校教育引领作用，提升学生就业能力

要求，在校期间可以根据自身情况，进行有针对性的能力挖掘，为就业做好充足的准备。相关专业课程的开设，能够为大学生树立正确的择业就业观念奠定良好基础，也能为大学生确定个人的人生发展方向和规划提供帮助，源源不断地为大学生就业提供动力，应当成为高校就业育人体系建立健全的基础工作。

二、专业及课程设置的优化

高校在重视学生学习成绩的同时，还要注重学生综合能力的培养。2006年就曾有调查显示，将近60%的用人单位认为当前大学的课程设置不合理，50%的用人单位明确提出当前大学教育中的课程设置不合理是大学生就业难的一个原因。[1]2023年7月，新民周刊发表《专业设置不合理仍然是大学就业"拦路虎"》一文指出，当下中国的就业问题，已经基本变成大学生就业问题了。就业本质上是一个社会需求问题，需要多方共同解决，大学专业设置不合理，成为大学生就业"拦路虎"之一。[2]目前，专业设置及课程设置的调整、优化仍是各大高校需要解决的难题。高校课程设置与现实社会需要不匹配，学生所学与企业要求不适应，客观上削弱了学生的就业能力。这也是导致大学生就业难的关键原因之一。

在国家层面，2023年4月初，教育部会同发改委等五部委发布《普通高等教育学科专业设置调整优化改革方案》。方案明确提出，到

---

[1] 杜丁、方芳：《大学生就业状况调查显示 冷门专业更容易找工作》，https://news.sina.com.cn/c/2006-07-17/02339476703s.shtml。

[2] 陈冰：《专业设置不合理仍然是大学就业"拦路虎"》，https://view.inews.qq.com/k/20230712A04FL700?no-redirect=1&web_channel=wap&openApp=false。

2025年，优化调整高校20%左右学科专业布点，新设一批适应新技术、新产业、新业态、新模式的学科专业，淘汰不适应社会经济发展的学科专业。[1]

面对这一重大改革意见，高校必须创新作为，按照人才培养"先宽后深"的原则，制定科学、规范的人才培养方案，系统设计课程体系，配齐配强教师队伍，优化提升教学条件，确保人才培养方案落实落地。具体来讲，高校应根据社会对人才的需求进行专业及课程设置，通过开设通识课程、增加不同门类的选修课程等方式，提升课程体系的科学性、实用性；加强校企合作，通过建设实践基地等方式，为学生提供便利的实践机会，增强学生的社会实践能力。

三、学生心理健康的维护

心理健康，是个体进行学习、工作、生活的首要保障，也是个体充分发挥自身最大潜能，妥善处理和适应人与人之间、人与社会及环境之间相互关系，进而服务社会的基础。心理健康包含两层意思：其一是无心理疾病；其二是能积极调整心态，顺应环境并有效地、富有建设性地发展和完善个人生活。

2019年，教育部党组书记、部长陈宝生在全国教育工作会议上讲道："健康不光是指身体健康，现在学生学业压力大、就业压力大，要抓好心理健康教育，向学生提供经常、及时、有效的心理健康指导与咨询服

---

[1] 中国政府网：《教育部等五部门关于印发〈普通高等教育学科专业设置调整优化改革方案〉的通知》，https://www.gov.cn/zhengce/zhengceku/2023-04/04/content_5750018.htm。

务，帮助学生做好心理调适，培育积极向上的健康心态。"[1] 良好的心理素质及健康的心理是大学生成长成才的基础，也是他们顺利就业的基本保障，对他们适应工作和融入社会同样有着极其重要的作用。

目前，各大高校非常重视学生的心理健康教育，通过理论与实践相结合的方式达到强化学生心理素质的目标。主要措施包括以下几个方面。

第一，营造良好的校园人文环境，减少引致大学生心理问题的隐患。对于家庭贫困的大学生，学校要建立并完善贫困生奖、贷、助、勤、免等资助制度，鼓励他们克服困难；对于学习有困难的学生，及时给予关注及激励，不让其在学习上掉队；对于有心理障碍的学生，要调动多方力量和他们谈心、交流，让他们感受到爱心和温暖，鼓励其参加校园文体活动，帮助其克服心理障碍，如仍无法解决，需及时引入专业的心理治疗。

第二，搭建科学、完备的心理健康教育体系，为学生疏通情感宣泄、压力释放的通路。高校要适当采用心理测试、个别谈话、意见箱、热线咨询电话、第二课堂等多元方式了解学生心理健康状态，与有需要的学生进行心理交流，给他们提供各种舒缓压力、排解负面情绪的场所和机会，让他们自由地、毫无顾忌地倾诉自己的烦恼、苦闷和忧虑，达到内心的平静。

第三，加强与家长的沟通和联系，引导家长重视孩子的心理健康。

---

[1] 中国新闻网：《陈宝生：在升学压力下学校体育有"边缘化"的危险》，https://baijiahao.baidu.com/s?id=1624078645187508036&wfr=spider&for=pc。

在学生心理健康教育中，家庭教育的作用也不能忽视。高校可以开办"家长学校"，定期为家长开展心理健康教育类的讲座、宣讲活动，召开家长与教师的专题交流会，使家长充分认识到"教育合力"的作用。高校也可以采用家长信箱、家长热线和心理咨询等方式规范父母的行为，提高家长科学教育的能力，建立健全大学生心理健康维护的长效机制。

第四，重视社会在大学生心理健康教育中的作用。对青年大学生的教育，必须做到学校、家庭、社会的有机结合。因此，在优化学校育人环境时，应努力发挥社会育人功能，形成学校、家庭、社会三位一体的立体教育网络。高校应在发挥心理健康教育主导功能的前提下，和社区、社会组织建立长期协作关系，共同制订完善学生心理健康教育计划，引导学生积极参与社会实践，感受积极正面的社会能量，或是聘请当地的模范人物做校外辅导员，以其模范行为感染教育学生。

四、第二课堂的积极开展

作为人才培养的主要阵地，高校近年来不断进行教育改革，充分利用第二课堂的创新形式，培养学生的研究能力，提升学生的创新意识，强化学生的社会适应能力和实践能力，让学生的综合素质不断优化，进而提升就业能力。

（一）第二课堂的定义

第二课堂是与第一课堂相对的概念。第一课堂主要是指依照学校既定的人才培养方案，在较为固定的空间环境内按照预先设定的教学大纲开展的教学活动，即传统意义上的课堂教学。第一课堂能保证大学生通过在校学习掌握一定的专业知识和专业技术，保证他们的专业知识水平符合自身的发展需要。第二课堂是课堂教学以外的育人活动，可以看作第一课堂的延续、扩展和补充。它的主要目的是培养学生们的综合素质和基本技能。这种课堂形式是开放的，主要是通过多种多样的道德教育、社会实践以及其他形式的志愿服务、课外活动来实现学生除学习能力之外的其他能力的培养和发展。

（二）第二课堂教育与就业能力获得的相关性分析

第二课堂的相关课程或活动，可以充分激发学生的内在潜质，使他们表现出自身的特长及潜力，形成他们的竞争优势。再者，第二课堂所培养的一些基本技能也是学生在就业过程中必不可少的。第二课堂教育和学生就业能力获得具有很强的相关性，具体表现在以下三点。

第一，第二课堂教育与就业能力获得都具有高度的主体性。第二课堂的教育，主要是为了体现出学生的个性差异和主体性，所以第二课堂的内容具有很强的开放性，能充分调动学生的主观能动性，让学生通过多种多样的活动实践自己的所想，然后获得更多的感悟和启发，从而提升自己的综合素质乃至就业能力。

第二，第二课堂教育与就业能力获得都具有强烈的情境导向性。第二课堂的开展是有明确的导向的。这些导向主要就是针对性地培养学生就业相关能力。一般情况下通过第二课堂所收获的知识、信息、能力等会对学生有一定的启发，他们通过深入感悟和理解就可以使自己的某些能力有所提升。

第三，第二课堂教育与就业能力获得都具有一定的实践体验性。任何人的认知都是通过听、看、想、行这几个步骤来完成的，所以在第二课堂的教学过程中，学生通过参与活动就可以有效完成上述过程，加入自我反思和体悟就可以实现就业能力的提升。所以，第二课堂教育及就业能力的提升都是实践性的过程，只有通过积极地参与和自我反思才能完成。

（三）基于第二课堂提升就业能力的策略选择

策略一，加强就业能力构成要素与第二课堂活动模块的对接。虽然学者和专家对就业能力的理解多种多样，但是在最基本的几个方面还是存在着一致性的。这些共性的认知，对于第二课堂教育就是一个比较重要的参考依据。相关的研究成果标明，就业能力中存在思想道德素质、社会实践能力、业务能力、自我调节能力、团队融合能力这五个不可忽视的要素。针对这五个要素设立对应的培养项目，才能够保证第二课堂能有效提升学生的就业能力。

策略二，在第二课堂项目设计中创设"模拟现实场景"。因为就业能力是一种以社会情境为基础的互动产物，对学生的要求是多方面的，所以只有在相关的情景引导下，才能够帮助学生不断积累经验，使得其就业能力的稳定性、延续性不断增加。

策略三，第二课堂项目实施注重"自我认知"的唤醒。就业能力的开发是一个具有主动性的过程，只有大学生意识到自身在就业能力基本组成要素上的不足才能针对性地进行。第二课堂教育需要认识到这一规律。因此，在课程项目设计上，应该有一个前置性的思考，即如何引导学生通过与他人的比较，找到自己的不足，有意识地对自己的不足之处进行弥补。

五、理论教育与实践教育并重

著名教育学家吕型伟曾撰文对中国传统教育进行回顾与总结：教学内容死板，教学大纲多年不变；单纯的知识教育，旧有经验的复制，忽视实践，没有培养学生动手能力；以考试分数评高低；忽视人文教育，没有进行全面素质教育等。[1] 通过对中国传统教育的反思，对新教育模式的不断摸索，当前大部分高校逐步形成了不同于传统的教育模式，采用"理论＋实践"的教育方法，在对学生进行素质教育的同时，也对学生进行技能培养，采用"七分实践，三分理论"的教育模式，以学生为中心，因材施教，致力于提升学生的实践能力。

社会实践能够加强学生与社会的联系，有利于动员社会各方面的力量，优化高校的教育工作。高校可以通过社会实践，深入了解学生素质、课程设置、教学与管理等方面与社会要求不相适应的地方，找到新形势下改进教育工作的新路子，主动推行改革，有利于学校进一步端正办学方向，在与社会实际的紧密结合中，寻求高等教育的发展与突破。社会实践架起了学校与社会沟通的桥梁，使教育走出封闭式的学院，走向广阔的社会舞台，有利于形成教学、科研、社会实践相结合的新型教育

---

[1] 陈晓莉、尹浩亮：《中国建设应用科技大学的研究与实践》，南开大学出版社，2016年版，第140页。

体制。

社会实践能让学生预先踏足社会，了解将来所要走的路的大致轮廓。高校是引导学生积极参与社会实践的主要力量，要借助社会实践培养出广大学生的创新意识，激发学生勤奋学习、勇于创新、奋发成才的积极性和主动性，推动大学生"创新教育、实践教育"向纵深发展，让学生平时的理论学习有实践验证的机会，同时也让学生为以后的工作垫下基石。

高校可以选择一些在本地区甚至全国比较有影响力的大型企业等作为实习基地，将产学研相结合，发挥实践环节的作用。首先，与合作企业进行沟通，将企业的需求与教学计划相结合，同时还要求参与实践的学生签订保密协议，以防企业的信息泄露，提高企业联合培养人才的积极性和主动性。其次，委托企业加大培养力度，以市场需求为导向培养学生的综合职业能力，将企业的实践优势和高校的理论优势相结合，提高学生的解决实践问题能力、沟通能力等。最后，建立实习反馈机制，根据反馈的情况评价实习的质量，并制订进一步的优化措施。

同时，高校要加强和企业的联系，与企业共建专业实践基地，鼓励学生以修学分的方式到企业进行专业实践，鼓励青年教师到企业挂职锻炼，实现校企双方的双赢。学校可以通过企业反馈与需要，有针对性地培养人才，结合市场导向，提升学生实践技能，培养出社会需要的人才。

六、高校课程体系建设的问题及改革建议

高校人才培养是一个系统工程，包括理念、主体、客体、目标、途

径、模式与制度这七大要素。其中，培养途径的选择与实施是高校人才培养的落脚点。而高校人才培养的基本途径便是课程体系。课程体系合理与否关系着高校人才培养质量的高低。高校只有根据自身的办学定位和资源状况，合理制定构建原则，科学设计出适应自身实际需要的课程体系，才能从根本上提高人才培养质量。

（一）高校课程体系建设的问题

目前，部分高校的课程体系建设仍存在以下问题。

1. 课程体系目标宽泛，缺少多主体深度融合

培养目标定位不够准确，缺少针对性、目的性。部分高校的课程体系设计仍以理论学习为主，对学生实训和实践锻炼的课程内容安排不够，对课程的行为性目标和情意性目标缺乏应有的关照。在人才培养计划订立和课程体系构建过程中，缺少与用人单位的共同研讨的环节，与地方对接不够，协同特色不明显，使得高校缺少了面向岗位具体工作过程的分析，因而课程也缺乏系统性及职业特色。同时，部分高校创新教育与专业教学融通结合不够紧密，尚未做到在专业教学中体现创新教育，教学大纲和考核大纲未能与时俱进。

2. 课程设置不尽合理，缺乏一体化设计

目前，部分高校仍存在同一专业各课程的计划安排各异、实施标准差异的问题。单门课程仅强调自身知识体系的完整，造成一些知识被重复讲述，而课程之间缺乏知识点的衔接和有效整合，课程体系一体化、系统性不足。同时，理论课与实践课的课时比例不合理，过分强调理论

课学习，实践课仅仅被作为理论课的验证与延伸，理论课程与实践课融合不足，特色课程缺乏。

3.课程内容更新滞后，缺乏实践主导性

课程内容强调系统的理论知识结构，实践过程仅仅用于验证理论及加深对理论的理解，脱离社会需求，滞后于行业发展，不能体现行业急需的新理念、新知识、新技术、新方法。同时，课程内容重复、碎片化，没有体现实践与创新的思想，忽视了学科交叉中存在的知识逻辑。

（二）高校课程体系改革建议

高等教育的课程体系改革以适应社会发展需求、学生个性发展、学科自身变革为目标，进行知识系统的重组与整合，形成知识逻辑和问题创新相结合的创新课程体系。优化的课程体系将有利于学生创造精神和创新能力的培养、自学能力的增强、人格品质的塑造、实践能力的提高乃至个性的发展。有效的课程体系改革，可以充分培养高质量学生，使学生有计划有目标地学习，充分发挥自己的实力，并按照目前就业市场形势开展学习研究，进而找到满意的工作岗位。具体改革方向如下。

1.课程弹性结构的建构

课程体系要根据专业的知识体系和学生应具备的素质而建构；要以培养学生的基本素质、发展学生的创新思维和创新能力，让学生学会学习、学会思索，能够以运用所学发现和解决实际问题为目标来建构。课程体系建设要改变单一、僵化的传统模式，允许学生根据自己的特点和志趣，在教师的指导下确定自己的发展方向和课程计划；要注意增加选修课程的比重，开设微型课程，以利于课程体系的灵活调整；要注意课程之间纵向的衔接和横向的联合，以保证教学内容的整体性，避免课程结构的松散和不完整；要改变课程体系一成不变的局面，及时开设新兴课程，淘汰陈旧落后的内容，建构一种具有弹性的课程结构。

2. 课程内容的改革

在课程内容的选择和组织上，要尽量避免过分追求学科知识体系的系统化和完整性，改变把知识传授作为课程教学重点的做法，注重理论与实际相结合，将理论教学、实际案例推介、课程实验、课程设计等有机地结合起来，在传授知识的基础上注意对学生思维方式和创新能力的培养，让学生掌握学科的理论框架、逻辑框架及应用技能。

3. 课程综合发展的改革

在课程体系的设置上，要强调关联性和系统性，突破传统的学科边界，将相近学科知识进行融合重构，形成创新课程体系，为学生提供超越某一学科或领域局限的思维模式，开阔学生的视野，但不宜过分追求课程的综合化。综合课程应是建立在学科课程基础之上的，不可能完全取代学科课程。学科课程与综合课程是互为补充、相辅相成的关系。综合课程一般有两种形式，一种是将有内在联系的不同学科内容整合在一起而形成一门新的学科，被叫作融合课程；一种是合并数门相邻学科的内容形成的综合性课程，被叫作广域课程。

4. 课程教学手段的改革

改革课程教学手段，即改变传统的以学科知识为线索、以教师讲授为主的灌输式的单一教学形式，以讲授、专题研究与讨论、案例教学、利用CAI课件或其他工具自学等多种方式进行课程教学。教学的重心要从知识的传授转向思维方式的培养上，引导学生实现知识的迁移与内化，训练学生利用网络等工具查阅文献资料，进行学习和科学研究。在教学过程中，要尽量鼓励教师采用先进的工具，以增加课堂教学的信息量并增强教学效果，让学生熟悉和掌握现代技术工具的使用方法，学会搜集、整理、运用信息的手段。同时，高校还可开设现代教育技术、多媒体技术、远程教育等课程，进一步促进创新课程改革的深入。

5.课程实践环节的改革

课程实践环节是创新课程体系中一个重要的组成部分，实验、课程设计、实习等实践环节要发挥其应有的作用。实践环节不只是验证学生所学，更重要的是对学生科研能力的培养。高校要激励教师把科研活动引入教学之中，让学生尽早参与科学研究，鼓励学生自主确立研究方向，带着问题思考、学习、查找资料、进行调查研究和科学实验，把获取知识、丰富思维同综合能力的提升统一起来，促进学生学习能力、思维能力、科研能力、实际操作能力和团结合作精神的培养。

具体来说，高校可以从以下几个方面着手。

首先，加强实践性教学环节。提高实验课、实习课、设计课、研讨课等实践课程的地位，把课堂教学、生产实习、社会实践、社会调研以及毕业设计等教学环节有机地结合起来，强化学生的实际动手能力，培养学生的实践技能。

其次，加强与企业以及社会实际工作部门的联系，开展产学合作教育，为学生参加社会实践提供信息和机会。高校还可以根据市场经济发

第三章　发挥高校教育引领作用，提升学生就业能力

展对人才的新要求，改革和完善大学生见习、实习制度，建立大学生长久社会实践基地，组织专业教师带着教学任务和科研课题到企事业单位进行社会实践、工程实践、项目实践和岗位实践，进一步深化校企合作，探索工学结合的培养模式。高校还要搭建学生科研平台，尽可能提供良好的外部环境，鼓励和支持学生参加科技活动或竞赛，参与科研课题。

最后，扩大大学生社会实践活动的认定范围。大学生参加的各种文体活动、社团活动等是社会实践，社会调查、科技服务、文化下乡、访寒问苦也是社会实践，课题设计、项目运作、科学研究、技术开发乃至创业活动同样是社会实践。在素质教育的视野下，有利于学生积累知识、优化知识结构、提高实践能力、培养创新能力和促进各方面素质发展的活动都是社会实践。此外，高校要积极探索和建立社会实践与专业学习相结合、与服务社会相结合、与择业就业相结合的长效机制，引导学生走"实践、奉献、成才"之路，鼓励大学生走出校门，到有工作意向、能锻炼自己能力的领域进行社会实践和毕业实习，发挥自身的专业优势，增强融入社会和自我发展的后劲。

第三节　高校就业指导师资队伍的建设

高校就业指导师资队伍负责对大学生进行职业发展教育。就业指导的工作贯穿大学生教育的全过程，可以分为三个层次：第一个层次包括手续办理、信息提供、就业政策指导，可称为就业服务；第二个层次是毕业生求职指导，包括技能培训、心理咨询、决策咨询；第三个层次是生涯规划。高校就业指导师资队伍主要包括学校行政序列中从事就业服务的人员、从事职业课程教学的教师、学院的辅导员和分管就业指导的书记。

一、加强就业指导师资队伍建设的意义

（一）普通高等院校的目标要求

在计划经济时代，由政府工作人员负责高校毕业生的工作分配，代表政府行使分配人力资源的权利。彼时的就业工作可看作一种简单的行政工作。在市场经济时代，大学生自主择业。就业指导师资队伍建设对于促进大学生就业起着关键作用。普通高等院校围绕社会需求，提供各层次的学术型及应用型人才，具有缓解就业压力的重要作用。为了完成高校育人目标，更好地促进大学生就业，为社会生产提供优秀人才，普通高等院校加强就业指导师资队伍的建设显得十分重要。

（二）合理配置人才资源的需要

当前社会对劳动者的受教育水平提出了更高的要求。受过高等教育的大学生是国家宝贵的人力资源。如果大学生能够得到充分利用，将为社会经济发展提供强大的动力。随着我国高等教育普及程度的不断提高，大学毕业生人数逐年增加，大学毕业生就业形势严峻。此外，部分大学毕业生的知识结构、综合素质和岗位要求不匹配，学历和能力不匹配，个人期待及就业实际不匹配等因素，也导致我国部分行业人才供大于求、部分行业用工缺口不断加大这一矛盾现象的凸显。对大学生进行有效的职业发展教育，可以减少人力资源的浪费，促进人力资源的有效利用。因此，普通高等院校要大力增强职业发展教育，帮助学生树立正确的就业观念。建立一支专业化的就业指导师资队伍便是其中的关键环节。

（三）有利于构建和谐社会

大学生就业问题不仅是一个经济问题，也是一个社会问题，关乎社会秩序的稳定。在竞争日益激烈的知识经济时代，一个家庭培养一个大学生需要花费巨大的心血，目的就是孩子将来能够找到理想的工作、得到合理的回报。如果得不到合理的回报，就容易引发负面情绪，甚至制造社会矛盾，造成社会动荡。构建社会主义和谐社会一直以来都是我国的政治目标。"社会主义和谐应当是人与人的和谐，人与自然、社会的和谐。"和谐社会应当是公民基本权利有保障和高度民主化的社会，是和平稳定的社会。解决大学生就业问题，减少或杜绝相关的社会安全隐患，需要高等院校重视就业指导师资队伍的建设，为大学生提供科学合理的就业指导。

二、就业指导师资队伍建设存在的问题

(一) 部分院校对就业指导重视不够

近年来，随着国家对普通本科教育以及大学生就业指导的重视，教育部等教育行政主管部门就高等院校就业指导中心的人员配备、机构设置和经费投入等都提出具体要求。目前，多数高校已经按照相关政策要求建设了就业指导中心，但对具体就业指导工作的重视程度仍然不够，存在不少问题。例如，从课程设置来看，高校就业指导课程大多为公共选修课和公共必修课，对提高学生综合素质起到了非常重要的作用，但公共课程设置没有统一的规划，其教学内容、成绩考核方式等随意性较大；普通高等院校致力于为区域经济发展服务，因此其就业指导应该关注区域经济发展现状与趋势，及时根据区域经济发展需求调整教学内容，但是不少院校对就业指导课程存在的适用性、适时性欠缺问题没有进行及时解决；就业指导教师来源单一，其中以党政机关工作人员居多，无法满足师资队伍构成多元化的要求。

(二) 师资力量不足

就业指导课程是面向全校学生开设的，学生数量多，但任课教师数量远远不能满足需求，这不仅给教师工作带来极大的负担，而且也会影响课堂教学质量。教育部明确规定高校毕业生和专职就业工作人员的比例应达到500∶1，但是多数高校的人员配置达不到这一标准。在现实

情况下，为了解决就业指导教师缺乏的问题，高校用大量的兼职教师来从事就业指导工作。这些兼职教师一般由学院辅导员和书记担任。因他们的本职工作繁忙，不能有效保证教学时间，而且稳定性相对较弱。就业指导师资队伍人数不足、稳定性欠缺等均可能成为就业指导工作成效不佳、毕业生就业情况不理想、无法缓解社会就业压力的原因。

（三）师资队伍的专业能力不足

随着社会的发展，就业指导师资队伍的综合要求更高。首先，就业指导教师需要具有高尚的道德品质，始终能以认真、负责、严谨、求实的态度为学生服务；其次，要准确把握国家相关法规和就业政策，能为学生提供正确的政策指导；最后，还需要具备较强的专业能力和良好的沟通能力。专业能力无疑是这些素质中最为关键的。就业指导工作的专业性较强，就业指导教师应该熟练掌握教育学、心理学、管理学等多门学科的理论知识，同时还需要具备技能培训、职业规划等实践操作能力。就业指导教师只有具备扎实的理论知识基础和较强的操作能力，才能为学生提供科学有效的指导及切实有益的帮助。但是，在应用型本科院校中，就业指导教师的背景多元，但具备专业知识储备和持续性在职培训经历的人极其缺乏。

在高等教育一片大好的形势下，大多数的高校教师是无可指摘的。但不可否认的是，确实也有部分高校教师照本宣科，讲课创新性不足，无法为学生提供与时俱进的学习内容，在教学过程中鲜少安排拓展活动，使学生的学习自主性和积极性大大降低。教师队伍的综合素质直接决定着大学的办学能力和水平，决定着人才培养的质量。高校要提升教育质量，必须优化教师队伍，建设一个强有力的教育教学体制。

（四）就业指导工作趋于表面化

目前，普通高等院校虽然注重学生应用能力的培养，重视提高学生的就业率和就业质量，但是并没有搭建完善的就业指导服务体系。就业指导中心的建设处在摸索阶段。就业指导工作人员从事的工作往往具有短期性，工作内容简单，相关研究也不够深入。就业指导课程的公共性质也使得课程考核制度并不严格，主观随意性强。除就业指导课程外，就业指导中心的工作往往侧重于招聘信息的发布以及政策宣传，策划组织的职业规划及发展主题的讲座和培训较少。一系列的因素也让高校就业指导工作的成效不突出，对大学生职业规划意识的培养没能起到应有的作用。

三、加强就业指导师资队伍建设的建议

（一）优化师资队伍结构，增强师资队伍稳定性

1. 充分调动校内资源

要组建校内稳定、专业的就业指导师资队伍，强化就业指导中心的作用。高校既可以从长期从事学生工作的人员和具有管理学、心理学类专业学科背景的教师中选拔具有就业指导能力的工作人员，也可以选择一部分业务能力强、综合素质高、有热情从事职业生涯规划课程的辅导员或专业教师，充实到高校就业指导队伍中。队伍优化路径包括：第一，

建设"双师型"师资队伍。"双师型"师资队伍建设可以成为普通高等院校就业育人体系的特色和要求，成为建立健全高校就业育人体系、提高就业指导质量的关键。第二，组建"专兼结合"的就业指导师资队伍。

2. 适当引进社会资源

高校还可以充分调动校外教育资源，通过定期邀请一些知名校友、在企业从事职业生涯规划培训的专家、就业指导机构的专业人士以生涯培训讲座、职业生涯规划沙龙等形式，为大学生职业生涯目标的规划和确立提供指导，及时解决他们职业生涯规划过程中的困惑，给出个性化的方法和建议，为就业指导中心的师资力量进行有力补充。

（二）完善选聘、考核机制，调动教师工作积极性

针对就业指导师资专业水平不高和工作内容表面化的问题，高校应该完善选聘、考核机制，加强师资队伍的管理。首先，高校可以采取听课评估和网上评教等方式选拔出综合素质和专业水准较高的就业指导人员，保证高质量师资的待遇及稳定性。其次，高校可以完善相关考核管理机制。除了常规的教学工作考核外，高校还可以通过线上学生评价、家长评价、用人单位评价等方式，组织评选"优秀就业指导教师"，并给予一定的奖励。这种多样化的奖励考核机制，可以保证教师晋升的公正合理，从而调动就业指导教师的工作积极性。

（三）开展专业培训和继续教育，提高教师职业素质

根据就业指导师资队伍的现状，高校要积极、定期开展继续教育和专业培训。当今社会，知识更新的速度越来越快，教育者需要紧跟时代

的发展步伐,不断丰富知识储备,提升自身技能。就业指导教师当然也不例外。由于就业指导教师所学专业、工作经历差异较大,高校开展专业培训和继续教育需要因人而异,可以针对具体工作内容分层次、分类别地进行培训,鼓励教师积极参加行业培训和职业资格考试。此外,就业指导教师需要增强主动学习的意识,积极取长补短,利用便捷的网络工具获取学习资源并积极与学生进行沟通,达到就业指导教师的专业要求。

第四节 高校就业能力培养指导

一、职业生涯规划教育

职业生涯规划教育不仅能够帮助大学生明确自身的定位,而且能够帮助大学生制订合理的职业规划,找到发挥自我潜能的路径,提高自身创新创业的能力。因此,高校了解大学生职业生涯规划教育的现状、问题,加强职业生涯规划教育,有利于解决大学生的就业问题,提高大学生的创业能力,使大学生自身得到发展。

就现状而言,大多数学生仍然是"升学无意识,就业无意识,发展无意识,生涯无规划,学习不独立"的状态,只有少数大学生对自己未来的职业有明确的规划,能够做到"心中有数"。大学生能否主动完成职业生涯规划,对其未来职业发展有着较为深刻的影响。高校若能引导学生主动进行职业生涯规划，以学生的发展需求与职业目标为出发点，有利于学生结合自身特点及发展需求，全面融合多方资源，对就业前的职业准备有通盘考虑。而被动的职业生涯规划，则容易沦为"随大流"，有的学生或许会被裹挟向前，有的学生则可能迷失自我的发展目标。所以，高校急需加强大学生职业规划的相关培训，让学生了解职业生涯规划的特征与规律，学习结合自身条件与需要设计生涯规划图景的方法，帮助学生在入职前能结合自身素质与能力选择适合自己的职业路径。

（一）职业生涯规划教育要融入高校新生适应性教育之中

高校应该将大学生职业生涯教育融入新生适应性教育之中，通过职业生涯教育启迪大学新生树立科学的职业观，激发新生职业感的确立，帮助他们尽早找到自己的职业梦想。具体工作包括以下几个方面。

第一，以专业方向作为依据，进行职业生涯规划教育分类（专业）指导，对新时代下的职业要求和专业学习进行系统的分析和科学的预判，帮助新生更加全面地了解本专业，更加客观地分析未来的就业市场，树立专业学科自信和就业危机意识。

第二，对全体新生进行职业心理测评，为每一位新生建立职业生涯规划个人档案。专职就业指导教师通过生涯数据分析，帮助大学新生了解自己的职业性格趋向，协助他们树立合理的职业生涯短期目标、中期目标和长期目标。帮助大学新生树立职业生涯目标，旨在将职业生涯规划理念尽早地"植入"大学生的头脑里，为他们的全面成长成才提供动力支持。

第三，对学生职业目标进行细化分析，协助他们在每个职业生涯阶段发现自身存在的问题，帮助他们一步一步接近自己的职业阶段目标。例如，针对高校艺术类专业的大学新生，学校可以请知名美术教师向他们讲授作为一名合格的美术教师应该具备哪些专业技能、每个阶段需要掌握哪些知识。

（二）职业生涯规划教育应纳入高校人才培养体系之中

职业生涯规划教育应该被纳入高校人才培养体系之中，激发学生自我教育、自我管理、自我服务的意识。高校应对不同专业的学生进行针对性的生涯分类指导，提升大学生对专业的认知和热情，让他们能主动、积极掌握专业技能、职业技能、求职技巧等，构建完整的职业生涯规划思路。例如，西安文理学院艺术学院除了开展专业基础知识教学外，还为不同专业学生安排针对性的就业实践、顶岗实习等，以提升学生综合素质、就业核心竞争力，为社会培养了音乐教育类、美术教育类、影视文学类专业技能型人才。

将职业生涯规划纳入高校人才培养体系中，还需构建系统的职业生涯规划课程体系，使专业学习和职业生涯规划课程学习齐头并进。职业生涯规划课程要贴近专业教育的实际，从宏观和微观两个方面，帮助学生提升职业能力。职业生涯规划课程不能照本宣科、一成不变，应做到与时俱进，对不同专业的学生采取针对性的引导。

除了课堂教学外，还应增加职业生涯访谈、职业生涯实践等尝试，使学生将自己所学的理论知识和专业技能应用到实践之中，在实践中发现自己专业学习和职业生涯规划过程中的短板与缺憾，进而有效地提升个人综合素质和就业能力。

（三）高校职业生涯规划教育应实现大学阶段的全覆盖

高校的职业生涯规划教育应延伸到大学的各个学段，实现大学阶段的全覆盖。

针对大学一年级学生，高校的职业生涯规划教育的重点应落脚于使他们了解职业教育的基本内涵，了解职业生涯规划的重要意义，引导他们认真分析自身的优劣势，明确所学专业的特色和特点，在未来的大学生活中能够更有目的性，更有信心。

针对大学二年级学生，高校的职业生涯规划教育的重点应落脚于提升大学生的职业选择能力，使之明晰未来的发展方向。同时，高校还应鼓励和引导二年级学生积极参加校内外的实习、实践，在参与、组织、管理中不断提升自身的就业能力。

针对大学三年级学生，高校的职业生涯规划教育的重点应落脚于全面提升大学生的职业能力，应该鼓励和引导学生进行各类技能的练习和提升。比如，简历制作方法、面试技巧的掌握，各类就业信息的搜集、整理等。

大学四年级是大学生在校期间所接受的职业生涯规划教育的末期，但这并不是终点，而是一段全新的职场生涯教育的起点。在该阶段，高校应该让学生了解职场规则、职场与事业的关联、事业与家庭生活的关系等。

总而言之，高校应不断更新理念，树立开放、包容、融合的大教育观，以多元化、开放性的态度，深化开放办学理念，让职业生涯规划教育发展得更稳定、更具活力。

（四）高校职业生涯规划教育应实现"精准指导"

高校职业生涯规划教育实现普及后，还应该实现对大学生的"精准指导"。部分学生在高校学习的过程中，容易出现学习主动性不强、生活自理能力差、人际关系不佳、惰性较强、职业目标不明朗等问题。从本质来讲，这些问题还是由这些学生缺乏学业规划和职业生涯规划目标，或者是由制定的职业生涯规划目标与实际能力不匹配所导致的。所以，高校在解决大学生职业生涯规划普遍存在的问题的同时，更应该为大学生订立个人职业生涯目标提供"精准指导"。高校就业指导专职教师应根据学生的生活实际，通过 MBTI 人格测试、霍兰德职业兴趣分析、SWOT 分析等职业性格测评工具，系统分析出每个学生的职业性格和职业目标，进而引导学生制订出详细的近期目标、中期目标和长期目标。这有助于帮助学生分析自己和目标之间的差距，及时修改并调整自己的职业目标及实施计划，在实现职业规划的过程中动态调整，也会使得教师能够更好地实现职业生涯规划的"精准帮扶"。

（五）高校职业生涯规划教育应实现教育资源优化配置

高校职业生涯规划教育应实现校内外教育资源优化配置和共享。高校要为大学生构建融合校内外优质资源的职业生涯规划教育体系。在校内，高校通过职业生涯规划课程、职业生涯讲座和职业生涯大赛"以培促学""以赛带培"，丰富职业生涯教育途径，提升高校大学生就业能力。同时，高校应充分利用校外教育资源，通过校企合作等方式，定期组织大学生进行生涯人物访谈，选择部分优秀大学生参加企业的校外实习，通过校外见习，使学生的职业目标更加贴合社会实际需求，帮助在校大学生通过社会实践来动态调整自己的职业规划目标，无限接近自己的职业定位。高校在整合生涯规划教育资源的过程中，还可以通过设立自主创业、自主择业的奖励基金，鼓励那些职业生涯规划成功者，立标杆，树典型，营造良好的育人氛围；同时利用校企联合基地，做好大学生职业计划、创业计划的"孵化器"，将学生职业规划的目标变为现实，促进大学生就业、创业工作成效的凸显。

二、高校学生就业指导

就业的过程实质上就是一个搜集、处理、转换以及运用与就业有关的信息的过程。在就业过程中，无论是职业方向的确定、求职计划的拟定，还是决策方案的运用，就业信息的选择和处理都是基础能力。

（一）就业信息的内容

就业信息的内容广泛，学校应主动为初次择业的大学毕业生提供就业相关政策及法律法规、供求信息。

1. 就业相关政策及法律法律

第一，高校应为学生提供了解国家就业政策的平台或课程。国家的就业政策是根据国民经济发展战略的客观要求以及不同时期的政治经济任务而制定的，是毕业生就业的出发点和归宿，是不能违背的。所以，高校应该帮助大学毕业生了解国家就业相关政策，让大学生能根据个人的情况科学选择职业。

第二，高校应为学生提供了解与就业相关的法律法规的平台或课程。国家通过法律法规来管理调节和规范组织和个人的活动，排解各类纠纷，制裁违法行为。法律法规既赋予组织和个人进行各项活动的权利，又赋予了组织和个人同一切侵犯自己合法权益的行为做斗争的工具。如果依法办事，不仅可以取得合法权益，而且可以捍卫自己的正当权利，减少不必要的损失。且由于我国人才市场机制尚不完善，违法乱纪的现象时有出现，所以高校应该帮助大学毕业生清楚地了解就业相关法律法规，让大学毕业生学会用法律武器保护自己。

第三，高校应为学生提供查阅地方人才引进、促进就业具体政策的途径。各地区、各单位根据国家的有关规定，结合本地区的情况，围绕应届毕业生的引进、安排、晋升等制定了一系列更为具体的规定。不少地区为了吸引人才，还制定了许多优惠政策专门帮助高校大学生就业，提高高校大学生就业率，促进自身地区的发展。

2. 供求信息

第一，高校应指导学生了解相关的国家政治经济建设方针、任务和战略，了解产业的分类与结构，以及随社会发展产业结构的调整和变化趋势，了解职业的分类与结构，以及目标职业未来的发展趋势，让学生能够总揽全局，更好地把握自己的定位，在国家建设的大背景下找到自己的正确位置，从而获得更优质的工作机会。

第二，高校应指导学生熟悉当年总的人才供求形势，即全国有多少与自己同时毕业的学生，用人单位的需求有多少，是供大于求，还是供不应求，或者供需平衡，哪些专业紧俏，哪些专业供大于求，这样才能对职业有更好的分析、选择。

第三，高校应检测学生是否熟悉本专业培养目标、发展方向、适用范围、对口单位的情况。

第四，高校应指导学生选择同自己专业对口或相关的行业、单位，掌握相关的职业现状和发展趋势。

第五，高校应指导学生在进行职业选择时注意用人单位的信息及相关的情况。在大学生选择就业单位时，往往会出现这样一些错误：对用人单位情况不甚了解，在择业时带有很大的随意性和盲目性。例如，只挑选大城市而不问用人单位的性质、业务范围；盯着有"关系"的单位，企图靠"关系"得到聘用机会；只图单位名称好听，盲目拍板等。只有熟悉用人单位的信息，才能做到对用人单位有比较客观的评价，理性就业。

（二）获取就业信息的途径

普通高校本科生需要积极主动掌握足够的就业信息。获取的信息越多，择业的视野就越开阔。目前，大学生通过学校获得就业信息的途径主要有以下几条。

第一，高校毕业生就业主管部门。高校毕业生就业主管部门的就业信息具有准确、可靠、多样、具体的特点，是毕业生获取就业信息的最直接、最有效、最主要的来源之一。高校毕业生就业主管部门每年公布的就业信息主要包括：各用人单位、各地方人事部门发来的就业信息；

各类供需见面会的信息；直接到学校招聘毕业生的用人单位的信息。高校毕业生就业主管部门在收到上述各类信息后，会进行整理并发布在学校的就业信息网上。此外，部分院系可能会收到针对性更强的人才需求信息。在收到此类信息后，院系会自行公布。

第二，各种类型的供需见面会。为更好地落实毕业生的就业单位，高校会协助当地人事主管部门举办规模不等的毕业生供需见面会，在供需见面会上毕业生可以掌握较多的信息。

第三，各种媒体。高校一般会通过微信、微博等电子媒体以及校报、宣传单等纸质媒体定期为毕业生提供就业信息。提供的信息准确、综合性强、涉及面广，还涉及社会需求情况，可帮助毕业生认清需求形势。

第四，实习、社会实践和社交等活动。毕业生在高校提供的实习、社会实践中可以直接与用人单位接触，更清楚地了解有关需求情况，也可以让用人单位更多地了解自己。

当然，高校提供择业就业信息的途径还有很多。大学生要充分利用学校提供的各类信息，掌握主动权，抓紧时机，找到适合自己的职业。

（三）主要就业方向

高校应主动为学生提供了解就业方向的平台、途径、课程，让学生明白"三百六十行，行行出状元"，自身具备发展的能力才是最重要的。一般说来，大学生主要的就业方向有以下几种。

第一，国家行政事业单位。要进入国家行政事业单位一般需要参加各类公务员考试、各地事业单位招考，"凡进必考"已是惯例。参加考试的人员一般没有毕业于211、985院校的"门槛"要求,录取程序清晰,对应届大学毕业生而言更为公平公正。

第二,各类企业。企业包括国有企业、外资企业、合资企业、私营企业等,都是以营利为目的的机构。高校一般会协助各类企业举办集中性的校园招聘,也会在校园官方网站发布相关信息。高校也可以提供一些人才招聘网站供学生选择,如智联招聘、中华英才网等,但应及时让学生了解正规的招聘流程、查询企业信息的渠道,避免学生上当受骗。

第三,创业或是从事自由职业。高校应该让学生明白,无论是创业还是从事自由职业,只要有才能、有规划、脚踏实地,同样能在社会上立足。

(四)合法就业权益

为响应国家号召,做好大学毕业生的就业创业指导工作,高校逐渐建立以就业市场服务、就业信息服务、就业咨询指导与帮扶服务、就业管理派遣服务四大功能为主导的就业服务体系,开启了校园招聘会组织、就业网搭建、职业生涯规划课程与就业指导课程实施等具体工作。但大部分高校的就业服务体系尚未健全,就业服务功能尚未完善,难以满足大学生就业能力培养的需求。其中的问题包括就业服务内容有限、范围狭窄、反馈机制不健全等。例如,在服务内容上,时效性和针对性不强,精准度不足;在机制建设上,重心集中于学生就业率提升上,而非就业满意度上。逐年严峻的就业形势以及日益增长的毕业生数量,加大了高校就业服务工作的强度与难度。同时,高校就业部门之间的信息交流不足,导致服务落实不到位,重复性工作较多。大学生在就业市场中属于弱势群体,在求职的过程中,可能遭遇各种各样的"陷阱"。高校应教育学生提高警惕,增强自我保护意识,了解与就业相关的政策法规,熟悉就业的流程,让学生能够少走弯路,避免合法权益被侵犯。具体来说,高校可以从以下几个方面入手。

1. 引导毕业生了解自身所享有的与就业相关的主要权益

第一,获得就业信息权。就业信息是毕业生成功就业的前提和必要条件。大学毕业生只有拥有充分的就业信息,才能结合自身情况选择适合自身发展的职业和单位。大学毕业生获取信息的渠道有很多,如网络、学校招聘会、报纸杂志、电视广播、亲戚朋友介绍、单位公告等。获得就业信息的权利主要涉及三个方面:①信息公开。所有用人信息向全体毕业生公开,任何单位和个人不得隐瞒和截留。②信息及时。信息及时也就是毕业生获取的信息必须及时有效,不能将过时无利用价值的信息传递给学生。③信息全面。毕业生有权获得准确、全面的就业信息,以便对用人单位有全面的了解,从而做出符合自身需求的选择。

第二,享有就业指导权。《中华人民共和国高等教育法》规定:"高等学校应当为毕业生、结业生提供就业指导和服务。"学校应成立专门机构,安排专门人员对毕业生进行指导,向毕业生宣传国家就业相关的方针、政策,就业的原则、规定和程序;对毕业生进行择业技巧的指导,引导毕业生将国家需要、社会需要与个人实际情况相结合来进行择业。

第三,被学校推荐权。学校推荐经常会在较大程度上影响用人单位对毕业生的录用或淘汰。毕业生在就业中有权得到学校按真实情况进行的推荐。高校在就业工作中的一个重要职责就是向用人单位推荐毕业生。毕业生享有的被推荐权应包含这样几方面的内容：如实推荐、公正推荐、择优推荐。

第四，自主选择职业权。《中华人民共和国劳动法》第三条规定："劳动者享有选择职业的权利。"因此，求职的毕业生也同样享受在就业市场上自主选择职业的权利，可以按照自己的兴趣、爱好和能力去选择自己喜欢和擅长的职业。家长、学校和用人单位，可以为初出校门、缺乏工作经验的毕业生提供择业方面的建议、参考、推荐和引导，但不能强迫或限制他们选择职业。

第五，平等就业权。《中华人民共和国劳动法》第十二条规定："劳动者就业，不因民族、种族、性别、宗教信仰不同而受到歧视。"毕业生也享有平等就业的权利。

第六，知情权。毕业生有知悉用人单位信息，了解用人单位的工作环境、福利待遇、工资水平、发展前景等情况的权利。用人单位有义务向毕业生和学校如实介绍本单位的真实情况。发布虚假招聘信息、对毕业生隐瞒本单位实际情况等做法，都是对毕业生就业权利的侵犯。

第七，违约求偿权。毕业生的就业协议一经签订，毕业生、用人单位、学校任何一方不得擅自违约，如有违约行为则必须严格承担相应责任。任何一方提出变更或解除协议，均须得到另外两方的同意，并承担违约责任。

2. 让毕业生了解求职过程中可能遇见的侵权违法行为

高校要提前对毕业生进行专题培训，对以下毕业生求职过程中可能遭遇的侵权违法行为进行介绍。

第一，发布虚假招聘信息。例如，非法人才中介机构以收取信息介绍费为目的，发布过时或虚假的招聘信息；传销机构假借一些知名企业的名义发布虚假招聘信息，高薪诱骗毕业生进入非法传销队伍。

第二，招聘要求中涉及针对性别、身高、相貌、学历、专业、家庭关系、血型等的歧视条款。

第三，侵犯求职者隐私。现在将求职者的姓名、住址、电话号码及身份证号码非法专卖给他人或其他组织的行为很多，侵犯了求职者的隐私，有的甚至会给求职者的生活带来困扰。

第四，收取求职者的财物或扣压证件。招聘过程中向求职者收取招聘费、培训费、押金或服装费，扣押求职者的居民身份证、毕业证、学位证、档案等。

第五，不按规定签订就业协议或劳动合同。签订就业协议或劳动合同时，不明确注明毕业生档案接收单位、户口迁移地址、工作内容、合同期限、工资福利等协商条款。

第六，不履行或部分履行就业协议或劳动合同的条款。就业协议签订后，违约或不按时接收毕业生。不按就业协议安排相应的工作岗位，不能履行协商好的工资、福利等。

3.让毕业生了解签订就业协议的注意事项

第一，签订就业协议前，高校应提供多种合法途径使毕业生全方位地了解用人单位的相关情况，如企业的发展趋势、招聘的岗位性质、员工培养制度、待遇状况、福利项目等内容。大学毕业生不但要掌握充足信息，更要实地考察，重点了解用人单位的人事状况及其是否具有应届毕业生的接收权。

第二，高校应让毕业生了解签约的正常程序。毕业生持用人单位的接收函到院系领取就业协议书，先由毕业生、院系在协议书上签署意见后交用人单位，由用人单位签署意见后再交给学校，学校签字后纳入就业计划，协议书生效。有的毕业生为省事，要求学校先签署意见，但这样做使学校无法起到监督的作用，最可能受害的将是毕业生本人。

第三，高校应提醒学生在签署协议书时，一定要认真、真实地填写协议书内容。如果准备参加研究生招生考试或出国，应事先向用人单位说明，并在协议书中注明，以免遭到违约处理。

第四，高校应引导毕业生在签约时重点考虑对自身权益的保护。协议具有双向约定的作用，如果有双方需要相互承诺的部分，一定要在协议书或补充协议上加以说明。就业协议中可以规定违约金的数额，根据现行规定，违约金的上限是12个月的工资总和。

第五，高校应指导毕业生关注签约条款的合理性。用人单位不得以任何理由向毕业生收取报名费、培训费、押金、保证金等，并以此作为录用条件。

第六，高校应让毕业生了解协议双方都不得单方面拖延签约周期。在毕业生遇到问题而犹豫不决时，高校就业部门教师应及时给出相关的意见和指导。

第七，高校应提醒毕业生在签订就业协议书后，一定要签署劳动合同。正式的劳动合同可以是学生毕业前签订、毕业后生效的，也可以是毕业后签订、立即生效。一般就业协议书也会在劳动合同生效时，终止效力。

三、高校学生创业指导

创业已成为时代的鲜明特征和大学生们自我价值实现的路径之一。为了鼓励和支持大学生创业，我国陆续出台了一系列扶持大学生创业的政策法规，使得大学生创业环境不断改善，涌现了一些少年成名的大学生创业者，并引发越来越多的大学生走向创业之路。然而，市场多变幻，创业需指导。高校创业指导教师要给大学生创业者提供基本的理论知识和指导，便于他们在创业过程中梳理思路，分析和解决问题，从而取得成功。

（一）创业的基本步骤

第一，自我评估。在开始创业之前，想要创业的大学生要从个性特征、知识结构、主观动机、财务状况和客观环境等方面来评估自己是否具备创业的综合条件，及时发现不足之处，并采取相应的措施。

第二，提出并完善商业构思。创业往往源自一个商业想法，这个想法可能来自日常生活、工作经历，也有可能来自一直坚持的梦想等。想要创业的大学生要在生活与工作中注意观察，寻找潜在的客户需求和市场空白。最好的商业构思应该可以解决客户的特定需求，并且让客户愿意为此付费。当有了初步的商业构思之后，要与朋友进行沟通，询问他们的意见和看法。如果没有自己的商业想法但是又特别想创业，建议可以采取加盟特许经营的方式，借用别人已经验证成功的商业模式和业务内容来创业，这样会相对容易。如果有足够的创业资本，还可以考虑通过收购其他公司或某项业务来创业。

第三，检查商业构思的可行性和经济性。商业构思在实施之前，需要在技术和经济两个方面进行验证，要充分考虑商业构思的实施需要哪些技术和资源，这些技术和资源能否由自己或团队实现，是否需要其他外部支持。在技术可行的基础上，还需从经济性角度来考量。

第四，撰写商业计划书。商业计划书会让创业者仔细思考创业中的各个要点，包含市场、营销、融资、保险、会计等方面，帮助创业者系统化、结构化地工作，为创业者提供具体的方向，让创业者及时发现创业中的薄弱环节和偏差，制定相应调整措施，实现对企业的有效控制，降低创业风险。商业计划书作为一个重要文件，不仅为创业者提供基本指导，也为其他单位进行项目评估提供参考，是创业者寻求创业融资和合作伙伴的先决条件。

第五，筹集创业资金。资金问题是所有创业者必须解决的首要问题，一般来说可以通过自有资本和外来资本两种方式解决。外来资本有风投、众筹、银行贷款、股权融资等多种来源，但相应地对创业项目和创业团队的要求也比较高，有的还需要创业者提供一定的融资担保。想要创业的大学生还可以考虑申请创业补助，抓住高校提供的特殊的创业项目申报、创业大赛、政府的创业补助等机会。

第六，选择适当的创业形式。创业的类型有很多种，如兼职创业、个体经营、团队创业、加盟创业、收购公司等。不同的创业方式涉及不同的法律和税务问题。在做出决定时，想要创业的大学生需要综合考虑创业的独立性、必要的手续、税务与会计、责任范围及资本要求等因素的影响，选择最合适的创业形式。

第七，选择公司注册地址。公司地址的选择对创业成功也有重要影响。需要考虑到公司地理位置的便利性、周边的配套环境、潜在客户拜访的便利性、成本等因素。如果是店铺，还要特别关注人流量问题；如果仅仅需要办公室，在成立初期可以选择共享办公空间。共享办公空间往往配套设施比较成熟，租赁方案也很灵活，是降低初期创业成本的一个很好的选择。

第八，公司核名，检查商标品牌及域名的可用性。公司成立之前必须在相关行政部门进行名字预审，避免和同行业的公司名字相同或类似。公司名称同时也是公司品牌的表现，还需考虑公司网站域名的可用性。此外，还必须确保不侵犯他人权利，可能涉及商标、专利、设计、包装等。

第九，获取成立公司相关的必要许可证明。这并不适用于所有公司，仅适用于某些特别的行业和专业。经营餐饮店、教育培训机构、护理机构等需要经营者拥有某些许可证，如健康证、教师资格证、护理资格证等。

（二）大学生创业模式的选择

第一，依附式创业模式，即创业者通过利用现有的企业、组织的资源和平台，发展自己的创业项目的一种创业模式。创业者以未来自主创业为目的进行就业，要做好正确的选择，充分利用企业或组织的平台资源，广泛积累人脉资源和其他资源。在职创业，切忌盲目、急迫地脱离该平台，要先夯实自己的事业基础，等各方面条件完全成熟以后，再开创自己的事业。连锁加盟就是依附式创业模式中的代表。连锁加盟能够为大学生创业者提供已有的品牌、规范的运营模式、健全的市场机制等。它分享品牌资源、经营诀窍的特点为大学生创业者省去诸多的创业烦恼，并且提高了创业成功率。

第二，知识风险模式，即创业者将自己拥有的专长或技术发明转化为直接的生产力，通过"知本＋资本"的方式发展创业项目的模式。"知本"就是指创业者所具备的某一专业、技术特长，或成功研发的一项新产品、新工艺；"资本"就是风险投资。此类创业模式主要集中于电子信息、生物技术、高科技农业等技术含量高、知识密集型的产业中。

第三，模拟孵化模式，即在校大学生通过参加创业竞赛或企业孵化器等，积累经验，结合实际环境所进行的创业活动。创业竞赛可以为大学生提供锻炼的机会和展示的舞台，帮助大学生熟悉创业程序、储备创业知识和经验、接触和了解社会。企业孵化器由于具备创业的良好物理空间和服务体系，也是大学生自主创业的沃土。

第四，网络创业模式，本质上是以网络技术为基础的创业的组织形式、方式以及行业选择的组合。网络创业主要包括以下几种方式：①产品和服务销售，即创业者通过互联网或其他电子渠道，依据交易主体的需求直接销售商品或提供服务，如经营网店、自建网上商城。②访问量利用，即创业者对个人平台或企业平台进行内容策划及宣传，以增加平台的访问量，并以此为资源向平台利用者收取广告费用；或通过设置搜索排名、会员资格等方式向信息提供方或搜索方收取费用。③创意类产品交易，即创业者利用互联网将个人智慧、经验、技能等无形的创意类产品通过交易转化为实际受益，如成为网络写手、淘客等。④网络技术业务，即创业者利用自身的网络专业技术以编写网络程序、制作网页、提供互联网设备等服务实现获利。

不同的创业模式要求的素质是不同的，想要创业的大学生要准确判断自己的优势和劣势，选择最适合自己的创业模式。

（三）可供大学生参考的创业方向

大学生社会经验欠缺，选择的创业项目要与社会"创客"错位竞争。高校应主动为想要创业的学生提供指导及帮助，鼓励学生注重发挥自己的独有的优势，同时也应教育学生秉持"君子爱财取之有道"的创业理念，不捞偏门，不走捷径，不越红线，不踏底线，为中国的商业文明注入道德血液。目前，大学生创业者可以从以下12个方向寻找创业机会。

1. 科技导向

高校知识成果分为三类：第一类是与校外企业合作开展的企业技术创新项目，基本都会锁定知识产权；第二类是基础前沿理论研究，往往超前于目前市面上的应用，可作为长期关注和跟进的重点，但充满了技术风险；第三类是科技成果转化项目，当下的国家政策鼓励"师生共创"、科技成果转化股权。

第三类成果应是高校指导大学生创业的重点，因为这不但是科技成果的加持，更是校园资源的倾注，为后续项目商业模式构建和资源匹配奠定了良好的基础。

但同时，大学生创业者也要学会筛选科技成果转化项目，关注科学设计创业的进度。首先，要将科技成果转化与市场调研结合起来，评估论证新技术转化成产品、产品被市场接受的可能性。现在国家重点支持的领域一个是进口替代，另一个就是新物种的替代，可作为创业的关注点或突破方向。以成本或效率替代为主题的项目，往往会在市场竞争环节将成本无限拉升，并不可取。其次，科技成果需要的孵化和转化时间是不同的，高校也应指导学生给予合理考量。原则上目前国家鼓励的如新能源、新材料、航空航天科技、先进制造、物联网、机器人技术、人工智能等硬科技领域是关注的重点。生物科技、医药医疗、现代农业、海洋科技等领域的项目一般需要的周期都特别长，同时对学科、专业和特长有门槛要求。涉及国防、军转民等的科技成果虽然现在政策不断"解绑"，但长期来看对政策和资源依赖性太强，且有很强的不确定性，是高门槛的小众市场。一些军事类院校或有军工背景、承担军事类课题的高校在军转民技术转化方面有先天优势。如果没有相关的资源和资质，不建议大学生创业者前期介入民参军项目或军转民项目。

总的来说，目前国家政策和创投焦点，还是不断在向产学研用尤其是科技成果转化项目倾斜与汇聚，这里面蕴含着巨大的商业机遇。

2. 轻资产运营

高校应指导学生突破物理世界中资源对创新创意的捆绑，学会在有限的资源和资本下，在数字世界中"卡位"，以轻资产运营的思路来选项立项。这也有利于后续股权融资的对接。轻资产运营并不是摒弃项目中一些关键环节的资产投入,而是指可以通过杠杆模式或共享经济模式来撬动重资产环节,可以采取多种形式的战略业务合作、参控股等模式进行总资产领域的布局(涉及土地、设备、制造等重资产、资金沉淀等环节),将重资产做轻,形成"护城河",优化资金使用的方向(研发、营销和销售),减少制造、流通环节对资金的占用。

3. 消费导向

新一代消费群体的消费习惯、消费偏好、消费行为都产生了巨大的变迁。他们更注重多元化、个性化的消费产品,其衣食住行、医娱金学、就业留学等都存在着消费升级的巨大产业机会。所以,大学生创业围绕着其中的某一领域展开都可能具有巨大的敞口空间和爆发空间。但消费导向的项目对创业者的考验很大,既需要他们琢磨消费者的口味和偏好,钻研产品,提升体验感和黏性,又需要线上线下着力,既要"好玩",又要方便分享传播,带有自媒体自传播的特质。

4. 文创导向

随着消费的升级尤其是内容付费的火爆,一波在 UGC[1]、PGC[2] 模式下产生的音频、视频、图片、小说、影视等精神产品,因其受众既是消费者又是内容创造者,引爆了文创产业。大学生对派对、市集、演讲、自代言、二次元等模式都习以为常,这里面蕴含着巨大的产业机会。文创产业彰显着时代的主张和个人的品牌调性,成为吸引大学生创业者的

---

[1] UGC,User Generated Content 的缩写,主要指用户将自己原创的内容通过互联网平台进行展示或者提供给其他用户。
[2] PGC,Professional Generated Content 的缩写,主要是指在互联网中专业生产内容的用户。

关键赛道和创业风口。但该领域因为这几年的"混沌式"发展，也带来了很多行业内的问题。目前，这一领域的监管力度不断加强，进入这个领域的门槛也越来越高，大学生创业者需要在内容创作和监管红线中找到好的切入点和平衡点，充分沉淀，抓住时机。

5. 融合导向

科技与文创、金融等应用场景的链接和融合存在巨大的空间，如人工智能与各细分领域的结合、区块链技术与各行业的融合。这类创新是颠覆性的创新，一方面重构现有市场抢夺受众，另一方面还可以建立项目壁垒，以"高维打低维"之姿让传统产业无还手之力。毕竟，传统产业之前屡试不爽的价格战在硬件免费、软件收费面前欠缺竞争力。

但在该领域创业，需要能将科技与应用场景进行深度融合，精准把握目标受众，对大学生创业者而言挑战非常大。但它前景可观，也是资本密集关注的"重点赛道"。

6. 嫁接导向

目前，许多传统产业在新经济浪潮面前无所适从，原来的团队和产业基础转型升级乏力，缺乏创新人才、创新思维、创新模式，但这一领域也存在巨大的创业机会。大学生创业者可找准切入点，将新人才、新思维、新模式与传统产业融合，重新定位新项目，协同发挥彼此于资源、资金、运营上的优势，找到新的利润增长点，实现新项目的"弯道超车"。

7. 防做恶导向

因为商业的逐利性，社会创客在选择创业项目时分歧很大，有的坚守"君子爱财取之有道"的商业底线，有的却从人性恶的方面展开，利用人性的弱点诱导不良消费。

之前许多社会企业诱导大学生进行超出自身支付能力的消费，如医美消费、金融贷款等，甚至开发出一些用于替考、代课、逃课等的应用软件。目前大部分不良企业已被教育部等政府部门清理整治，但仍不乏漏网之鱼。随着国家法律法规的完善和商业文明的进步，涉足信息安全、食品安全、校园安全、航天安全、人身安全等领域，应对这类"做恶型企业"的创业项目将拥有非常广阔的发展空间。比如，针对校园信息安全维护的"校园卫士"，解决无人机乱飞乱停的压制无人机项目，反媒体欺诈的项目等。

8.NGO 导向

NGO，全称为 Non Government Organization，即非政府组织。目前非政府组织的公益类项目因其影响力大、非营利性、公益性、跨国界、边界协同等特点成为大学生创业的一个新方向。许多公益组织的项目因其公益性，基本都靠募捐来维持运营，但也有一些项目开始探索在商业与公益之间构筑桥梁，让商业保障公益的持续运行。例如，以参与项目、参与咨询、参与共读、运动同步等形式与公益捐赠挂钩，一方面聚拢流量，通过广告、电商等方式变现，另一方面实现了公益，做大了社会价值。高校可以指导学生创新商业模式，将原来依靠政府拨款和社会捐赠的模式变为通过产品和服务置换政府购买精准服务、第三方采购服务等的长效运营模式。

9.模仿导向

这是许多创业者第一次选择创业项目时的稳妥选项和第一选择。曾有一句口号"模仿也是一种创新",于是许多创业者还遵循着几十年前的"创业规律",或追逐热点,或追逐风口。殊不知,这些热点和风口都是创投机构提前布局,伺机人为引爆的风口,目的在于炒热整条赛道,吸引后续融资或接盘。

这种创业选项已经不适用于当下。模仿看上去成本最低,但其实系统成本最高。毕竟之前大家靠模仿还可以通过人口红利、政策红利去榨取产业利润,但放到现在,靠低价已经无力竞争,因为对手都免费甚至贴钱了。一场免费和补贴的大战便可以完成洗牌,鼎定全局。模仿本身是缺乏创新和核心能力的体现,也不具备被资本收购的价值。但这里面也蕴含着其他的创业机会,如服务于追逐风口的项目和个人,做第三方服务,成为淘金路上卖帆布的和卖水的服务商。

服务业一直是模仿者的热土,目前当中也存在着大量模仿的机会,但仍需要与互联网、大数据、新零售等领域进行融合升级。

10. 个人 IP

随着自媒体的出现及发展,网红经济或者说是注意力经济成为新经济浪潮中的一朵浪花。通过打造个人 IP,吸引媒体和社会公众的关注,能够吸引媒体资源和流量资源,然后通过嫁接项目,实现商业变现。

11. 代理导向

不管是加盟一个网红奶茶店、一个彩票店,还是加盟新晋网红品牌的校园代理,都是一个很好的创业起点。大学生创业者可以依托强大的企业后盾和市场支持,成为一个店长、校园代理、地区总代。这和前几十年成为传统企业的经销商和代理商异曲同工。但在参与过程中,大学生创业者要保持商业敏锐度，因为去中间化、厂商"卸磨杀驴"、平台政策等都会对起步中的事业造成冲击和颠覆。

12.政策导向

政策导向目前集中于两个方面，一个是大学生返乡创业，一个是科技成果转化。

高校大学生返乡创业政策目前成为乡村振兴战略的关键一环，而有些地方政府已经提前布局，建立了关联社群，及时展示家乡的巨大变化和产业政策，宣传家乡的最新创新创业政策和活动，对返乡创业大学生项目注册、入孵化器、投融对接、住房补贴等都给予了倾斜性的扶持政策，引导更多的返乡大学生参与家乡建设，同时，对侧重农业方面的科技创新和模式创新在政策方面也加大支持和扶持力度。在返乡创业方面，大学生创业者所具有的条件可谓得天独厚，一是因为乡村振兴是国策，政府的支持和扶植力度很大；二是因为大学生作为乡村里走出来的新一代高素质人才，可以将新技术、新模式、新课题、新项目、新金融等以项目的方式在农村的大蓝海市场上进行"有机嫁接"。目前，广大农村对优质产品和服务的需求不断升级，巨大的新兴消费市场释放出众多发展空间。

科技成果转化将与企业的规模优势、品牌、组织能力、专利技术、资源资本等一起构筑成企业的核心竞争力。因此，高校成了"兵家必争之地"。但同时高校也面临着诸多现实的问题。例如，如何将科技成果快速转化，将原来各自独立隔断的研发、评估、商品化、市场化等环节有效链接起来。这需要建立一整套严谨的商品化流程，形成科技商品化

第三章 发挥高校教育引领作用，提升学生就业能力

的系统能力。一方面，从科技的深度来看，高校科技成果商品化可以聚焦于某一个细分领域的应用；另一方面，从科技的广度来看，高校的科技成果可以作为核心技术为整个行业提供技术支持，用来支撑多种产品，进而提升整个行业的效率。

目前高校的科技成果转化可以通过两种途径来实现。一种是从外到内，市场驱动。结合外部客户需求，针对性地完成项目以及项目过程中的科技成果转化，是既产市场成果也产知识产权成果的一种范式。另一种是自内向外，基础理论前沿驱动，主要聚焦在基础理论研究和应用基础研究领域。高校是科研的前沿哨所，担任着探索未知领域、空白领域的任务，而这种探索很可能超前于当下的现实需求，但其科技成果生活化应用可借鉴军事成果的民用转化。

科技产品的商业化一般会经历科研理论提出、产品原型设计、实验室阶段、小试、中试、专利申请和保护、落地应用场景、批量生产的过程，具有周期长、成本高、组织协同多、风险大等特点。但与之相对的，市场变化却是越来越快，消费者的口味和习惯可谓"一日三变"。要想解决这一矛盾必须依靠高效率的科技成果商业化转化程序，而其转化的效率和速度取决于组织能力，组织能力的培育来源于以产品小组项目制为核心的组织结构，而非目前的以功能职能为主的组织结构。在这其中，专案经理负责制、目标与关键成果法可作为组织模式和项目管理的借鉴。

不管是传统型的 GE、IBM、宝洁，还是新经济的代表特斯拉、谷歌、facebook 等，都在科技成果的研发、产品的上市速度、产品数量等方面引用了产品的生命周期管理模式，采用了专案经理负责制。在国内，腾

137

讯孵化微信、阿里孵化支付宝等也都采取了此种模式。最高管理层重视，将新项目确认为企业的首要任务，并订立明确的目标导向，责成项目小组成员全力以赴，并培养跨功能的项目技能，形成程序化的流程开发、集团层面的开源协同，快速推进，加大过程激励，构筑内部创新的生态。

（四）创业相关法律法规

创业者在创办公司及开展各项业务的过程中，都会与法律有所接触。因此，高校应配备专业人员指导学生了解并熟悉相关法律法规，让学生具有一定的法律知识储备。

1. 涉及企业形式的法律知识

不同的企业形式，投资者承担的责任不同。有限责任公司是由五十个以下的股东出资设立，每个股东以其所认缴的出资额对公司承担有限责任，公司法人以其全部资产对公司债务承担全部责任的经济组织。合伙则是共负盈亏、共担风险和承担无限连带责任。个人独资企业即个人出资经营、归个人所有和控制、由个人承担经营风险和享有全部经营收益的企业。以独资经营方式经营的独资企业有无限的经济责任，破产时借方可以扣留业主的个人财产。如果从事特定行业的经营活动，还须事先取得相关主管部门的批准文件。

常用法律法规有《中华人民共和国公司法》《中华人民共和国合伙企业法》《中华人民共和国个人独资企业法》《中华人民共和国中小企业促进法》《中华人民共和国企业法人登记管理条例》《中华人民共和国公司登记管理条例》。

2. 基本的劳动法律知识

企业规范健全机制有利于防范风险，避免不规范用人产生的高额劳动纠纷，注意和员工签订保密协议、竞业禁止协议等，能有效保护企业自身权益和竞争优势。

劳动合同到期后或者因为各种原因劳动合同无法正常履行后，就涉及合同终止或解除的后续问题。《中华人民共和国劳动合同法》规定，在七类情形下，用人单位应当向劳动者支付经济补偿，经济补偿按照劳动者在该单位工作的年限，每满一年支付一个月工资的标准向劳动者支付。很多创业者可能不熟悉这个规定。此外，企业也不能无故单方解除劳动合同，除法律规定的几种情形，如劳动者严重违反用人单位的规章制度、在试用期被证明不符合录用条件等。企业无故解除合同，也需要支付经济补偿金。

常用法律有《中华人民共和国劳动法》与《中华人民共和国劳动合同法》。

3. 涉及租赁合同的法律知识

企业经营都需要场所，如要租用房屋等，签订一份能够保护自己的租赁合同很重要。

常用法律为《中华人民共和国民法典》的第三编"合同"。

4. 基本的税法知识

企业设立后，需要税务登记和会计人员处理财务。这其中涉及税法和财务制度。高校不仅要指导学生了解学习营业税、增值税、所得税等税务知识，还需要指导学生学习开办费、固定资产怎么摊销等。

常用法律法规有《中华人民共和国企业所得税暂行条例》《中华人民共和国增值税暂行条例》《中华人民共和国营业税暂行条例》《中华人民共和国税收征收管理法》。

5. 涉及知识产权的法律知识

传统企业一般都会有知识产权相关事务。企业名字的著作权、商标、域名、商号、专利、技术秘密等创业者都需要了解，避免自己侵权，同时也能更好地应对他人侵权。

常用法律有《中华人民共和国著作权法》《中华人民共和国商标法》《中华人民共和国专利法》。

6. 涉及企业规章制度建立的法律知识

俗话说，无规矩不成方圆。一个企业，只有内部的事情管理好了，才能形成凝聚力，专心发展业务，进而做大做强。好的规章制度让人心悦诚服，坏的规章制度让人感觉束手束脚。因此，一套完善的规章制度非常重要，至少应该包括日常管理、工作时间、奖惩机制、工资福利等。如果创业者想从一开始就对自己所创办的企业进行规范管理，可以考虑委托律师起草规章制度。这里面还有一个误区，创业者以为有了一份规章制度就可以一劳永逸，但是实际是不可能的，因为企业会发展、法律法规会改变，规章制度产生滞后性是无可避免的。因此，根据实际需要，依据最新的法律法规对规章制度进行适时修改也是必要的。

7. 必须要注意的法律风险

在民事经济活动中，有几个法律风险点是必须要注意的。

第一，合同签订。签订合同首先要注意对公司的主体审核。如果涉及行业资质，可能要对此核实；如果之前没有与对方进行过交易，而且交易数额比较大，建议委托律师进行核查甚至是尽职调查。

第二，要重视合同的付款条件、违约条款。付款条件设置要考虑先后顺序、时间、支付方式等，违约条款设置要考虑是否有可操作性、是否方便计算。违约金也不是越高越好。根据法律规定，违约金最高不得超过标的金额的30%。

第三，合同的履行过程要严格、准时，要重视自己的权益。平时多保存一些送货单、对账单、短信等凭证，一旦遭遇拖欠货款，要依据诉讼时效及时地进行追讨，一旦对方有了逃逸的现象，要及时地聘请律师介入，追回货款，挽回损失。

8. 相关文件政策

高校应指导学生学习了解有关的法律政策。

首先是《中华人民共和国公司登记管理条例》[1]《中华人民共和国企业法人登记管理条例》[2]《企业名称登记管理规定》[3]《税务登记管理办法》[4]等与创办企业相关的条例和规章。

其次是对创业选项和促进企业发展具有重要意义的政府长远发展规划与导向政策。例如，《国务院办公厅关于进一步支持大学生创新创业的指导意见》（国办发〔2021〕35号）[5]、《"十四五"推进农业农村

---

[1] 多在申请办理营业执照时用。
[2] 多在申请办理营业执照时用。可重点掌握开业注册登记收费标准。
[3] 多在申请办理营业执照前用。
[4] 对开办税务登记及变更等有明确规定。
[5] 创新创业教育、保障政策、实践平台、示范基地、财税扶持政策、金融政策支持等内容对创业者的创业方向选择、定位有重大意义。

现代化规划》（国发〔2021〕25号）[1]、国家发展改革委等部门印发的《养老托育服务业纾困扶持若干政策措施》的通知（发改财金〔2022〕1356号）[2]、《"十四五"就业促进规划》（国发〔2021〕14号）[3]、《"十四五"现代物流发展规划》（国办发〔2022〕17号）[4]、《"十四五"数字经济发展规划》（国发〔2021〕29号）[5]。

最后是支持和鼓励新办企业、高技术企业及第三产业的优惠政策。①国务院批准的高新技术产业开发区内的企业，以及被有关部门认定为高新技术企业的，可减按15%的生产率征收所得税；国务院批准的高新技术产业开发区内新办的高新技术企业，自投产年度起免征所得税两年。②对新办的独立核算的从事咨询业（包括技术、法律、会计、审计、税务等咨询业）、信息业、技术服务业的企业或经营单位，自开业之日起，第一年至第二年免征所得税。③对新办的独立核算的从事交通运输业、邮电通讯业的企业或经营单位，自开业之日起，第一年免征所得税，第二年减半征收所得税。④对新办的独立核算的从事公用事业、商业、物资业、对外贸易业、旅游业、仓储业、居民服务业、饮食业、教育文化事业、卫生事业的企业或经营单位，自开业之日起，经主管税务机关批准，可减征或者免征所得税一年。⑤企事业单位进行技术转让以及在技

---

1 创业者可以围绕促进乡镇企业发展、农业产业化经营、建设连锁化"农家店"等内容寻找创业的切入点。
2 文件明确指出：鼓励各地优先通过公建民营方式，引导运营能力强的机构参与养老托育设施建设和运营，减轻养老托育服务机构建设投入成本，提升服务质量。
3 其中，对制造业、服务业、农业、中小微企业和个体工商户等有鼓励政策。
4 创业者涉足流通行业，需要关注该政策。
5 企业开展数字经济，需要了解该政策及与之配套的其他部委的政策。

术转让过程中发生的与技术转让有关的技术咨询、技术服务、技术培训的所得,年净收入在 30 万元以下的,暂免征收所得税。⑥对农村及城镇为农业生产产前、产中、产后服务的企业,对其提供的技术服务或实物所取得的收入,暂免征收所得税。⑦对科研单位和大专院校服务于各行业的技术成果转让、技术培训、技术咨询、技术服务、技术承包所得的技术性服务收入暂免征收所得税。

(五) 创业计划书的撰写

了解了法律条文之后,大学生创业者可以开始撰写创业计划书。创业计划书是一份全方位的商业计划,是市场营销、财务、生产、人力资源等职能计划的综合,用以描述与拟创办企业相关的内外部环境条件和要素特点,为业务的发展提供指示图和衡量业务进展情况的标准,也用于投资方对企业或项目做出评判,从而使企业获得融资。创业计划书是大学生创业的关键一环,高校应为选择创业的学生提供学习撰写创业计划书的课程或者平台。

创业计划书主要包括以下九个部分。

第一个部分是摘要。这一部分应介绍企业的主营产业、产品或服务、竞争优势、成立的地点和时间、所处阶段等基本情况。

第二个部分是业务描述。这一部分应介绍企业的宗旨和目标、发展规划和策略。

第三个部分是产品或服务。这一部分应介绍企业的产品或服务,描述产品和服务的用途、优点、有关的专利、政府批文等。

第四个部分是收入。这一部分应介绍企业的收入来源，预测收入的增长。

第五个部分是竞争情况及市场营销。这一部分应分析现有和将来的竞争对手的优势和劣势，以及相应的自身的优势和战胜竞争对手的方法，同时还要针对目标市场制订相应的营销计划。

第六个部分是管理团队。这一部分应对企业的人员构成进行介绍，明确全职员工、兼职员工人数，同时详细介绍重要人员，包括他们的职务、工作经验、受教育程度等，如有职位空缺，可一并说明。

第七个部分是财务预测。这一部分包括企业目前的财务报表、未来5年的财务报表预测、投资的退出方式（公开上市、股票回购、出售、兼并或合并等）。

第八个部分是资本结构。这一部分包括企业目前及未来资金筹集和使用情况、融资方式、融资前后的资本结构表。

最后一个部分是附录。附录是指支持上述信息的资料，如管理层简历、销售手册、产品图纸等。

第五节 国外高校的实践

一、美国高校的就业能力培养

在高等教育普及化发展进程中，高校也被要求适应社会发展需要，加强人才培养改革，提高大学生的就业能力。各高校间的竞争加剧，学生的就业情况直接影响学校的生存。笔者研究认为，美国各高校的教育改革主要观照以下几个方面。

第一，强调通识教育和学科交叉。重视提高综合素质和适应能力的通识教育已成为美国普通高校教育的一个重要特点。在美国，通识教育一般被定义为主修和辅修专业教育之外的服务于学生智力、情感和社会化等的发展教育，主要包括社会科学、数学、自然科学、信息技术应用、外语等的教育。美国各高校要求每人修读一定数量的通识教育课程，一般在大学前两年进行。通识教育有利于培养知识面宽的复合型人才，确保学生全面发展，提高学生综合素质和适应不同工作的就业能力。此外，美国各高校十分强调文理学科交叉渗透。当今世界的许多重大问题都需要从多学科的角度，运用多种知识才能解决。因此，开设跨学科的综合性课程，培养"宽口径、厚基础"的复合型人才，成为美国高校开展教学改革的方向。近几年来，美国许多著名院校设立了专项资金，成立了跨学科教学研究中心，鼓励文理学科交叉、渗透，积极推进边缘学科发展，拓宽学生就业视野。

第二，强调培养应用研究能力及创新精神。在课堂教学上，美国高校教师注重学生应用能力的提高和创新能力的培养，一般不在课堂上讲教材内容（由学生自学），而是将该课的教学计划交给学生，在课堂上主要采用分组研讨的方式，解决实际问题。教师提出问题，学生通过小组讨论，运用书本的理论和观点，找出解决方法，最后用演讲、网页、综述等方式汇报。这样不但提高了学生分析和解决问题的能力、知识运用和表达的能力；同时，培养了学生合作协调的精神，使学生学会将书本知识与应用结合，善于发现问题，创造性地解决问题。同时，教师也注重在教学中开展大量的社会实践与科研活动，将课程一半教学时间用于安排学生到相关社团、博物馆等地实践，使学生将理论学习与实践结合起来。同时，教师还会要求学生撰写课程小论文，鼓励学生有自己的观点和创意，引导学生搞科研活动，与导师一起撰写论文。1999年，美国联邦政府为鼓励学生从事科研活动，还颁布了《生活费补贴条例》。

第三，根据市场需要改革学校的教学。美国教育实行地方分权制，教育的组织和管理权力分属各州及地方政府。高校在行政管理、评聘教授、招收学生、筹集和分配经费、学科和专业设置、学生选课等方面享有充分自主权，可依据社会和市场需求及时、灵活、自主地调整相关制度，所以，对社会需求反应快，适应能力、竞争力强。

第四，健全就业服务机构，加强就业指导。美国高校一般设有毕业生就业指导中心，开展针对学生的职业指导和就业服务，经费充足，精干高效，手段现代化。毕业生就业指导中心建有专门的网站，免费提供各项指导、训练，向学生提供从入学专业建议，到系统的职业规划、择业技巧教授，再到毕业就业咨询的"一条龙服务"。同时，美国高校的毕业生就业指导中心还配备有覆盖全美的就业信息网上查询系统，供学生随时查阅；提供各种就业咨询服务，向用人单位推荐毕业生，组织职业交流洽谈会，接待用人单位来校面试，为学生和用人单位牵线搭桥。经高校毕业生就业指导中心推荐的毕业生，就业成功率通常高于其他渠道。

总的来说，美国高校十分重视提升学生的就业能力。每所高校几乎都配备足够的专业教育辅导人员，其责任包括定期组织专题讲座和咨询指导，引导学生接触社会、了解相关专业在社会的实际情况，结合自身兴趣，及早考虑和选择自己的发展方向。除此之外，美国高校还联合政府，收集就业市场的需求状况，分析各行各业的需求形势和不同职业对知识和技能的要求，预测经济发展对未来就业的影响、未来十年的就业环境等。这种预测结果以网页展示和出版物发行的形式向社会公布。美国大学生几乎人手一册正式的出版物。

二、日本高校的就业能力培养

日本高校对毕业生就业的指导和支持与我国存在较大差异。以成城大学为例。成城大学位于东京，是一所私立大学。该校就业指导中心的基础为"就业力培养及认证项目"。该项目最重视的是学生独立思考及行动的能力。成城大学通过以下六个主要步骤去运行该项目。

第一，符合学生成长阶段的有体系的项目设计。比如，一年级的学生主要通过"职业生涯规划"课程培养勤劳观、职业观，加深自我理解和对社会的理解，并配合课程中的小组讨论奠定"自我思考和行动"的基础。二年级的学生通过企业业界分析、职业选择、时事问题研究等科目，深化对自我和社会的理解。三年级的学生通过一些实际的项目，强化"自我思考和行动"的能力。四年级时，学生能够自己设立明确的目标。

第二，理论与实践相结合。这与第一点相关，主要是指科目设置中既有以教师传授知识为中心的科目，又有学生主体报告的科目。

第三，多层次、多角度合作。这主要是指成城大学有自己的附属学校，能够从学生进入大学前便着手开始对学生进行培养、教育，同时也注重与校友、企业和其他大学的合作。

第四，自我思考和行动相关的学生企划型项目。这主要是指相关科目的进行不局限于学生被动参加的形式，还加入了学生企划型的项目。比如，三四年级开设的"职业规划项目"相关课程中，会有学生向区域和企业提出各种企划案的环节。

第五，自我评估和专家评估结合的评估系统。学校引入了能让学生客观评定自己成长情况的评估系统。比如，在项目中，学生要进行多次"就业力自我评估"，将自己的成长过程可视化，专家会在此基础上进行进一步的评估。

第六，鼓励学生成为"以'教'来促进自我成长"这一理念的支持者。这是指鼓励学生积极参与新生开学活动或者针对高中生的开放校园活动，把自己学到的知识以"教"新生或高中生的形式传达出去。

三、欧洲高校的就业能力培养

为提升高校毕业生的就业能力和创新能力，英国实行课程改革，将高校毕业生就业情况纳入高校的工作绩效考核体系。英国高等教育统计局定期收集全国毕业生就业数据，并将全国公立高校毕业生的就业情况向社会公布。英国高等教育质量保障署等部门提出了质量保障标准，要求高校持续开展教学改革与实习创新，加强与行业的合作，精心设计就业指导及职业培训课程。

以英国普利茅斯大学为例。普利茅斯大学将"让毕业生成功就业"作为学校必须承担的责任，将职业技能和创新能力培养贯穿学生在校学习全过程，在新生开学的首门课程中融入职业规划教育，把培养学生的就业和创新创业能力有效纳入课程设计与教学活动中。学校开发了"普利茅斯实习项目"，利用企业资源为学生提供实践机会，让学生真实承担相应的责任，促进学生向专业人员的转变。

英国高校之间的联系也十分紧密，开展了职业能力培训方面的多项合作。其目的是强化高等教育、职业培训和就业之间的联系，通过搭建多种教育和职业培训平台，提升高校毕业生的就业能力。英国高校鼓励毕业生通过跨国职业培训项目获得更多实习机会，实现毕业生跨国、跨地区就业；鼓励学生取得多种多项能够被国内外各行业用人单位所理解和认可的职业技能与资格证书。各高校建立起了统一的职业教育和培训质量保障参考框架，推进高等教育和职业培训的交流与合作，增强各类资格证书项目之间的协同效应，完善职业教育和职业培训质量评价方法及措施，进而为提升高校学生就业竞争力奠定良好的制度基础。

第四章
发挥用人单位导向作用，加强就业指导与服务

用人单位，是指依法招用和管理劳动者，并按照法律的规定及劳动合同的约定向劳动者提供劳动条件，进行劳动保护，并支付劳动报酬的劳动组织。用人单位包括企业、个体经济组织、国家机关、事业组织、社会团体，在促进高校大学生就业中扮演着不可或缺的重要角色。在用人单位中，企业是重要的组成部分。鉴于篇幅有限，本章将以企业为重点，阐述用人单位在提升高校学生就业能力的角色、作用等。

企业包括国有独资企业、有限责任公司、股份有限公司、中外合资企业、外商独资企业、个人独资企业、合伙企业、中外合作经营企业八类。企业在每年的就业季为不同专业的毕业生提供了大量岗位，对于促进就业的重要意义不言而喻。因此，在提升高校学生就业能力的行动中，企业应作为用人单位的代表，自我革新，贴近学生，积极发挥导向作用。

第一节 制定科学的人力资源管理制度，明晰人才雇用甄别要素

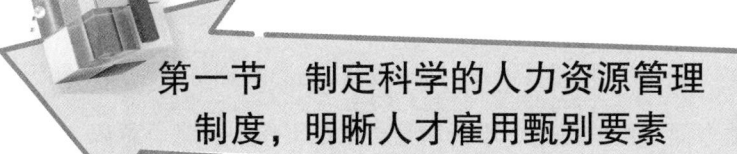

一、企业人力资源管理制度的含义及内容

企业人力资源管理制度是企业人力资源管理观念的综合体现，体现了一定的管理原则，并通过一整套完善的约定性管理内容变现出来，以保证企业人力资源管理过程的科学性和完整性。

一套系统而又完整的人力资源管理制度一般包括人力资源管理部门的职责规定、员工招聘与录用制度、员工薪酬管理制度、员工保险福利制度、员工教育培训制度、员工绩效考核制度、人力资源异动管理制度、劳动合同与人力资源管理制度、人力资源管理的日常工作制度等。

二、企业人力资源管理制度的职能

企业人力资源管理制度体现了人力资源管理的基本职能。现代企业人力资源管理制度，是以企业中的人为管理对象，在某种意义上，至少涉及以下五项基本职能。

第一，录用。本项职能具体指，明确企业中工作岗位的需求，提出人员补充的计划；为有资格的求职人员提供均等的就业机会；采用科学方法确定符合岗位要求的最合格人选。

第二，保持。本项职能具体指，有效激励员工，让员工始终能够保持有效工作的积极性、主动性和创造性，使其潜质得以充分发挥；为员工提供安全、健康、舒适的工作环境和条件，营造良好的企业文化氛围。

第三，发展。本项职能具体指，通过教育、培养和训练促进员工知识、技能和其他方面素质的提高，不断增强员工在工作中的竞争意识，使员工的劳动能力得到开发。

第四，考评。本项职能具体指，对员工的工作成果、劳动态度、技能水平以及其他方面，做出全面考核和评定；对组织气氛和管理状况以及员工士气进行调查分析与总体评价。

第五，调整。本项职能具体指，通过奖惩、解聘、晋升、调动等方法，使员工技能水平和工作效率达到岗位的要求。

以上五种基本职能是围绕着计划、组织、监督、激励、协调和控制等环节展开的。要有效地完成这些职能，企业必须加强各项基础工作，建立、健全和完善人力资源管理制度。

三、科学的人力资源管理制度的重要意义

（一）规范员工行为，激发员工工作积极性

人力资源制度本身具有一定的法律效力，以指挥权和命令权为后盾，就员工的每一行为都明确指出其应该遵守的规范，可以使员工朝着企业的利益目标持续采取一致的、协调的行动。此外，一套科学的企业人力资源管理制度，尤其是激励制度，还能够充分激发员工工作的积极性和热情，对企业的可持续发展起到积极的作用，成为企业发展的驱动力之

第四章
发挥用人单位导向作用，加强就业指导与服务

一。

（二）能够建设一支企业需要的人才队伍

人才兴则企业兴，企业发展壮大主要是靠人才实现的。人才资源是企业的核心部分。在科学的人力资源管理制度的保证下，企业能吸引并留住大量可用的高层次人才，为自身的持续健康发展注入新的活力，同时还能达到"人尽其才、才尽其用"的目的。通过一系列正规专业的人才培养，企业员工的素质和能力能得到快速提升，形成一支专业、忠诚的人才队伍，充分满足企业的发展需要，大大提升企业的效益。

（三）疏通理顺各管理层之间的关系

企业的人力资源管理制度清晰划分了不同管理层的职权范围，针对可能出现的部分具体管理问题做了明确的归属认定，能够促进企业这一大系统中的各个组成部分协调、规范地发展。如果某一组成部分发生系统性的改革或转变，那么其他部分也能依照相关制度引导做出相应的调整和改变，保证管理工作的效率、企业目标的实现。

四、用人单位人才雇用甄别的要素

（一）就业市场信号

市场信号的概念是迈克尔·斯宾思（Michael Spence）首先提出来的。他指出，在某些市场，卖方会向买方发出传递产品质量信息的信号。一个信号要强烈，就必须使高生产率的人比低生产率的人更容易给出，

从而高生产率的人更愿意给出这个信号。[1]市场信号是一种市场信息，可以消除或减少市场参与者所面临的不确定性。有效的信号传递机制是解决信息不对称的必要途径。

教育在就业市场中不自觉地承担着人才鉴定和人才筛选的功能。虽然教育并不能提高一个人的生产率，但是能够成为生产率的有用信号，因为生产率较高的人可能得到高水平教育机会的概率更大。大学生通过接受高等教育，获得相应的教育信号，也会向用人单位发出他们生产率的信号。用人单位会借助毕业生的信号进行甄别，让具有他们期望的生产率信号的毕业生获得薪酬较高的工作。可以说，甄选招聘的本质是毕业生和用人单位间通过信号的传递、接收、感知、评估，从而实现供求双向匹配的过程。

市场信号传递的重点集中在三个方面：第一，信号传递均衡的定义和性质；第二，各种信号的相互作用；第三，市场的配置效率。信号和指标是有分别的。信号是可被人为操控，而指标是不被人为操控。用人单位会找出求职者的预期边际产量，作为用人单位愿意支付求职者的工资。指标是工资的自变量，求职者不能影响指标。相反，信号是可被求职者修改的。求职者选择信号，目的是使支付的工资与信号成本的差额极大化。信号成本除直接与金钱有关的成本，还包括精神的和其他的成本。在人才市场上，求职者可以通过信号的传递知道用人单位的要求、报酬等，对这些信号满意便可以去应聘。用人单位也因此找到合格的

---

[1] 刘志勇、刘宝成：《微观经济学》，经济管理出版社，2022年版，第491-492页。

员工。

（二）人力资本信号

人力资本信号是与市场信号相似的概念，也是用人单位进行人才甄别雇用的要素。人力资源信号具体指人力资本市场中，个人通过展示自己的能力、学历、证书等信息来传递自己的能力水平的一种方式。这些信息可以被视为一种信号，用于向潜在雇主展示自己的价值。

用人单位在利用大学生人力资本信号进行雇用甄别方面既有共同点，也存在差异性。用人单位对高校毕业生求职者的毕业院校、学历层次、学科专业、实习实践经历、专业技能证书、学习成绩等方面的关注表现出了明显的共同偏好。由于文化背景、工作环境等原因，不同类型的用人单位对求职者也表现出差异性偏好。例如，国有企业、事业单位较三资企业更为看重大学毕业生求职者是否具有党员身份；三资企业与国有企业、事业单位相比更看重求职者的外语能力，且在对毕业生求职者外语能力进行考察时，更倾向于通过面试考察。

由于人力资本形成的复杂性，同质教育不一定会有同质的"产出"。由于个体努力程度的不同，所形成的人力资本存量具有异质性，可体现为量或结构上的差异。同校同专业的毕业生的人力资本具有异质性，就是由于人力资本的形成具有不同于物质资本形成的特点。大学生拥有的对于实现就业和职业生涯发展能够发挥特殊作用的异质性人力资本，可表现为"人无我有""人弱我强"的信号。相关调查显示，拥有良好的实习实践经历、优秀的学习成绩、与应聘职位相关的专业技能证书等异质性人力资本信号的求职者更容易获得用人单位的青睐。可见，异质性人力资本信号是大学生在就业市场中凸显自身的有效手段，大学生应着力培养自身的异质性人力资本。

（三）职业能力标准

职业能力标准是衡量一个人是否具备某项专业技能的基准。这些标准通常由专业组织或机构制定，涵盖了所需的知识、技能、经验和能力。作为技术技能累积制度建设的重要概念，职业能力标准始于人们对职业活动质量与社会发展关系的察觉，是衡量从业者（包括正在接受教育与培训的准从业者）胜任特定职业的基本尺度和规范，反映特定时期职业教育人才培养的质量规格。既有研究中，人们对职业能力标准本质的认识带有颇强的分析性倾向，大都将其理解为关于"知识、技能、态度、情感"等要素或要素的组合。

制定职业能力标准有利于高校培养合格的毕业生，满足企业的用工需要。企业必须与高校进行充分交流，结合自身的用工标准、行业要求、学生的实际情况、高校现有的课程体系及教学改革方向来制定职业能力标准。企业制定职业能力标准一般包括以下几个步骤：①明确所涉及的职业领域；②深入了解目标领域的需求，分析当前市场对于该职业的技能要求；③制定一套针对性的能力要求，涉及知识、技能、经验等；④制定一套评估标准，以便在求职者申请职位时对其进行评估；⑤为了确保求职者具备所需的能力，可以通过培训和认证来提高其专业技能；⑥随着行业的发展和技术的进步，持续更新职业能力标准；⑦将职业能力

第四章 发挥用人单位导向作用，加强就业指导与服务

标准发布并推广给相关组织和个人。

大学生想要就业，就要有一定的能力以满足用人单位的岗位要求，符合相应的职业能力标准。用人单位制定职业能力标准规范，可以让大学生有方向、有目的地培养自己的能力，进而找到满意的工作岗位。用人单位也可以招聘到想要的人才。

第二节 增强与高等院校的合作，建立校企合作培养模式

我国的校企合作兴起于20世纪20年代，经历了企业办职业教育、由企校分离走向引企入校、政府主导型校企合作、校企一体化发展四个发展阶段。[1] 历史证明，校企合作也是高校教育发展的必然选择。2017年5月，习近平总书记在中国政法大学座谈会上曾说："要打破高校和社会之间的体制壁垒，将实际工作部门的优质实践资源引进高校，加强校企、校地、校所合作。"[2] 习近平总书记在党的二十大报告中又指出："完善职业教育和培训体系，深化产教融合、校企合作。"[3] 这也进一步证明了校企合作模式的科学性、必然性。

---

1 "宝安模式"课题组：《中国职业教育"宝安模式"》，人民出版社，2011年，第74页。
2 习近平：《论坚持全面依法治国》，中央文献出版社，2020年版，第177页。
3 习近平《决胜全面建成小康社会 夺取新时代中国特色社会主义伟大胜利——在中国共产党第十九次全国代表大会上的报告》，人民出版社，2017年版，第46页。

一、校企合作的含义

校企合作可以从两个方面来进行阐释。首先，校企合作是一种办学模式，是以学校和企业为办学主体，以学校和企业互利共赢为基础，以人才培养、技术提升、效益增长为结合点，以培养实用型技能人才为目标的一种办学模式。其次，校企合作也是一种人才培养模式，是学校和企业共同致力于人才培养，各自利用自身的教育环境和资源，遵循产教结合、工学交替的技能人才成长规律，采取学校课程标准与岗位责任标准一致、课堂教学与岗位实操相结合的一种技能人才培养模式。校企合作秉持"以社会所需、与市场接轨、实践与理论相结合"的全新教育理念，为教育行业带来了新的发展空间。

二、校企合作的创新模式

校企之间的良好互动，能实现资源共享、优势互补，对学生快速适应社会能起到积极作用，也有利于打造高素质的实践性、综合性的人才。校企合作的方式主要包括以下类型。

第一，订单合作模式。高校与企业签订联合办学协议，双方共同制定教学计划、课程体系、实训标准。高校录取学生时与学生、家长签订委培用工协议，企业录用学生参考学生综合测评成绩，实现了招生与招工同步。高校负责学生的基础理论课及专业理论课的教学，可能还会设置定向委培班、企业订单班等；企业安排学生的生产实习、顶岗实习等。学生毕业后即能参加工作实现就业，满足企业人才需求及高校育人目标。

第二，工学交替模式。企业依照实际需求向学校发出用人订单，与高校一同规划和实施教育计划。该模式的实施方式为学生在学校学习理论知识，在合作企业接受工作技能培训。

第三，见习参观模式。在学生在校进行一定的专业理论学习后，合作企业接受学生进入企业参观，了解企业的产品或服务的情况、经营管理理念，感受企业文化，为职业道德、劳动纪律的形成奠定良好的基础。

第四，跟岗实习模式。在学生经历了见习参观之后，高校会联合企业安排学生进入企业现场观摩，甚至安排业界导师指导学生参与企业相关的工作，让学生更深入地了解企业实际用工需求，以及自身条件与企业用工要求之间的差距，同时熟悉岗位工作知识，增强就业意识、协作意识等。

第五，顶岗实习模式。学生在校完成教学计划规定的全部课程后，采用学校推荐与学生自荐的形式，到用人单位进行为期半年以上的顶岗实习。高校和企业共同参与管理，合作教育培养，使学生成为企业所需的合格职业人。

第六，合作建立实习基地。高校根据行业需求与相关企业联合建立实习基地。实习基地可以是高校与某一企业独立建设，也可以是高校与不同企业同类工种共同建设。这一模式能实现高校、企业、学生三方共赢。企业可以利用学校实训设备、场地，减少人才培养成本，获得需要的人才资源；高校可以借助企业的生产投入和技术指导，完善教学体系，提升院校竞争力；学生可以提前接触生产过程，更好地由学生向职工的角色转变。

第七，联合组建专业教学指导委员会。行业专家、企业骨干、高校教师等共同组建专业教学指导委员会，指导高校开展专业建设、课程建设，明确专业人才的培养目标，参与制订及调整专业教学计划，提供行业人才需求信息。

第八，校企双方建立常态的调研反馈机制。为了适应社会的实际需求，提升毕业生的就业能力和综合素质，用人单位应该和学校建立常态的实地调研反馈机制，每年邀请不同专业的教师、学院的领导走出学校，到毕业生所在的企业开展实地调研活动，及时了解行业对人才需求的变化。企业可以直接向高校面对面反馈对毕业生思想品德、专业知识、业务能力及工作业绩等方面的评价信息。

总的来说，高校要积极与企业进行联动，建立与企业的长效沟通机制，引导企业深度参与专业建设、课程设计、实习实训、考核评估全过程，充分发挥其示范和引领作用。校企双方要努力推进各自优势资源整合，搭建满足实际需求的校企合作平台，设立专门机构进行运营和管理，在政策和资金方面予以倾斜，为地方高校应用型人才培养提供良好的措施支撑和硬件保障，一方面提升高校人才培养质量，另一方面降低企业入职人员培训成本，实现校企双方互利共赢的目标。

三、校企合作的重大意义

校企合作符合高等教育发展的内在规律，有利于促进高等教育的改革与发展。高校在校企合作过程中不仅有效提高了教学质量，而且还能通过校企合作平台建设，将科研成果转化为共建平台的共享资源，承担来自合作企业的横向科研项目，促进产学研的有效衔接，为国家的各项事业发展提供基础力量。

校企合作符合人才培养的内在需求，有利于企业提高市场竞争力。企业能通过校企合作获得实惠与利益，提高了参与培养人才的积极性，主要表现在：高校可以提供让合作企业优先挑选、录用实习中表现出色学生的机会，使企业降低招工、用人方面的成本和风险；校企合作内容包括高校参考企业的人才职业能力标准进行教学计划安排、课程设置等，也鼓励企业将员工培训委托高校进行，降低企业的人力资源管理的成本；通过校企合作项目，教师和学生都能了解合作企业的文化与理念，扩大了企业的品牌影响，可能发展企业的潜在合作伙伴和客户群体。

校企合作符合学生职业生涯发展需要，也有利学生提高就业竞争力。通过校企合作的模式，学生在生产、服务第一线接受企业管理，在实际生产岗位上接受企业骨干手把手的指导，和企业员工共同劳动、共同生活，可以切身体验严格的生产纪律、一丝不苟的技术要求，感受劳动的艰辛、协作的价值和成功的快乐，普遍形成良好的职业意识，且在实习后初步具备顶岗生产的能力，能充分实现毕业与就业接轨。

四、毕业生实习基地的现况与建设意义

（一）毕业生实习基地的现况

毕业生实习基地为毕业生与企业对接提供了良好的平台。当前，部分高校同用人单位合作，建立了毕业生实习基地，然而这样的实习基地不仅数量少，而且由于各方面的原因，在建设和运作的过程中，还存在一些问题，效果不尽如人意。主要的问题包括以下三个。

第一,毕业生实习基地建设力度不够。虽然学校、用人单位、社会已经对毕业生实习基地的重要作用取得了共识,但由于以前高校和用人单位只是将实习基地作为互相联系的一个纽带,而不是有别于毕业生传统就业渠道的全新载体,观念还没有转变,对实习基地建设投入的人力、物力和财力还远远不够。因此,实习基地数量少,质量也参差不齐。

第二,实习基地作用被简单化。部分高校仅仅将毕业生实习基地作为培养毕业生实践能力的工具。实习基地在毕业生就业、反馈教学与人才培养效果、促进科研成果转化等方面的作用被忽略了。部分毕业生可能只是将实习基地作为完成学习任务的载体,没有通过实习基地去主动寻找就业机会、提升就业力。用人单位则视实习基地为和高校联系的桥梁,忽略了其人才培养和检验的作用。

第三,实习基地运作缺乏过程管理。部分高校对毕业生在实习基地实习和学习中的动态过程管理缺位,导致毕业生缺乏来自学校的指导与监督,因而目标模糊、定位不准、实习效果打折。用人单位在实习基地运作中也会出现追求目标化管理的倾向,忽视了过程对人才塑造的重要意义。

(二)实习基地的建设意义

加强毕业生实习基地建设对于学生、高校、用人单位是一个多赢的结果,主要的积极意义在于以下几点。

第一,加强毕业生实习基地的建设,可增强毕业生的就业竞争力。目前,实际操作能力欠缺已成为毕业生较为常见的短板。实习基地在毕业生进入正式工作岗位之前，为他们提供了难得的"实战"机会。通过在实习基地中的锻炼，毕业生的就业竞争力可以得到很大程度的提高。

第二，加强毕业生实习基地建设，可提高毕业生就业成功率。在传统的就业渠道中，毕业生由于对用人单位了解不全面，往往会因缺乏理性认识错失就业的机会或是仓促选择不适合的工作。通过实习基地的建设，毕业生在与用人单位正式签订就业合同前能用一段较长的时间了解用人单位，对用人单位的生产经营状况等有更为深刻的认识。这能促进毕业生理性就业，有效提高毕业生就业的成功率。

第三，加强毕业生实习基地建设，可提高用人单位招到高素质人才的概率。毕业生实习基地建设为用人单位组建自己的后备部队、提高所接收毕业生的素质提供了良好的机遇。通过考察毕业生在实习基地的表现，用人单位可以确定自己的录用人选，并针对他们的个体特征进行特别的训练，进一步缩短他们由学生向职员转变的适应期，为用人单位带来更好的效益。

（三）解决实习基地问题的具体方法

1. 增强毕业生的主观能动性

在实习基地的建设中，毕业生和用人单位都是主体，如何发挥毕业生的主观能动性是关键所在。因此，高校及合作企业要加强对毕业生的观念教育，引导毕业生形成"实习基地就是成功就业的'前哨战'，是上岗前最好的培训机会"的意识，重视在实习基地的学习与实践，以吃苦耐劳的精神来应对此后的挑战；同时，还要加强对毕业生在实习基地中的过程管理，以免实习基地的作用流于表面。

2. 学校发挥积极的主导作用

在当前形势下，高校根据本校毕业生的专业和就业地域意愿寻找用人单位建设实习基地是行之有效的途径之一，也是用人单位喜闻乐见的形式。高校必须将毕业生实习基地建设作为毕业生就业的重要工作之一抓紧抓好，增强就业基地建设的目标性、针对性和实效性，在人力、物力、财力上给予支持。同时，高校需要加强对毕业生在实习基地中的动态监控，为教学改革和人才培养收集第一手的资料。

3. 用人单位充分发挥主体作用

用人单位急需转变观念，明确实习基地作为人才队伍的培养基地和后备库的重要意义，而不仅是同学校联络的一个纽带。用人单位要加大力度投入实习基地建设，提供硬件设施保障，并配备足够的指导队伍。这些都可以被视为用人单位针对企业未来发展所做的战略性投入。这些投入的收获就是获得符合用人单位需要的大量人才，保证用人单位的可持续发展。

4. 政府和全社会的共同支持

政府对建立实习基地的高校和用人单位可以给予政策上的鼓励和优惠，将之作为鼓励和促进毕业生创业及就业政策的重要组成部分，进一步调动起用人单位建设毕业生实习基地的积极性。整个社会应营造对毕业生实习基地建设有利的舆论氛围，宣传和倡导毕业生实习基地的建设，让更多的企业投身进来。毕业生实习基地建设不仅对毕业生成功就业、用人单位长远发展起到举足轻重的作用，对完善社会就业体系、拓宽就业渠道、提升就业率也有所助益。

第三节 加强校企交流，提高责任教育的有效性

如今，有关大学生责任意识培养的研究不断深入，也会涉及顺应社会发展、进行责任意识强化的内容。这些研究都指向让大学生清楚明了什么是责任，并将理论学习的成果内化于心、外化于行。责任意识的培养是对学生进行思想道德修养教育的重要环节。校企双方在对学生进行责任意识培养的过程中，需要充分交流，保证教育内容与时俱进，提高责任教育的有效性。

一、当代大学生责任意识的现状

第一，自我责任意识不强。自我意识水平低，放任自己，缺乏自律性；重权利享受，轻义务履行；不懂回报，依赖性强。

第二，社会责任意识缺乏。集体意识、公德意识和感恩意识弱；重个人价值，轻集体价值与社会价值。

第三，承受能力不强。缺乏承担责任的勇气，在发生过失和错误时，多数学生会选择回避或者掩饰的方法；遇到学业不顺、发展受阻、恋爱受挫、人际关系协调不好等挫折易走极端，出现心理问题。

二、增强当代大学生责任意识的措施

(一) 坚持正确的价值引导

责任意识的建立,究其本质涉及价值体系的形成与完善。只有加强对大学生的正确价值引导,才能让他们形成产生责任意识的支柱和履行责任意识的强大动力。高校应该充分发挥思想政治教育主渠道的作用,在大学生进入企业之前,加强对大学生的价值观教育。同时,企业应加强与高校的联系,及时对新入职员工的错误价值观进行纠正,为他们提供更丰富的价值观教育的机会和渠道。

(二) 加强中华传统文化熏陶

中华民族优良道德传统源远流长,是大学生思想道德建设的丰富源泉。高校和企业都应当营造一种浓郁的文化氛围,提高学生的民族自豪感、使命感及文化自信,以深厚的民族文化积淀作为新时代大学生的精神支柱。

(三) 改进教育方法,指导者率先垂范

校企双方要以学生职业发展为目标,加强实训基地建设,实行资源信息共享,积极打造专业特色培养模式,组织高素质的指导队伍。如果指导者在承担各种责任方面率先示范,就会对大学生责任感的形成产生潜移默化的影响。此外,指导者还要调动学生的主动参与意识,使之能真正主动地承担起各种责任。

(四) 引导学生主动参与社会实践

企业可以从产学研落地、竞赛活动、人才计划等方向与高校进行充

分交流，一方面，转化高校科研成果的同时解决企业研发难点，形成切实可行的成果转化合作，另一方面为大学生提供了解社会、了解国情、锻炼能力的社会实践机会，从而增强大学生的社会责任感。大学生在参与社会实践活动中可以产生和深化对承担责任的认识。企业要引导大学生深入社会，实现从理论学习到实践应用的关键性转变，让大学生在实践中加深对社会现象、社会职责的了解，正确把握社会发展的主流和本质，牢固树立起国家主人翁意识。

一个社会的和谐发展，一个国家的长治久安，一定程度上取决于全体社会成员具备共同的理想信念，具备良好的责任意识。未来将在社会和祖国发展中发挥主体作用的当代大学生无论何时都不应该回避对责任的担当。只有将责任作为个体行为选择的出发点，立足于责任意识，大学生才能健康快速地成长，从而担当起历史使命。高校和企业更应该将大学生责任教育抓好，不断增强大学生责任意识，才能培育出适应国家和社会发展要求的栋梁之材。

第四节 建立校企继续教育交流对话机制

为实现高校人才培养与用人单位需求的精准对接，提高人才培养的质量与水平，高校和企业应该建立继续教育交流对话机制。

第一，企业委托高校进行员工的继续教育培训。为提升员工的整体素质能力，企业主动加强与高校的联系合作，委托高校对员工进行专题培训，或是聘请合作高校的专家、教授举办讲座，或是选派部分员工到高校进修学习。虽然企业选派员工到高校学习，花费的时间较长、资金也较多，但与短期培训相比，更能使员工沉下心来借助高校完善的教学计划、强大的师资力量获得更高层次、更加系统的教育，对员工成长和企业长远发展具有重要意义。

第二，定期开展学术交流与研讨。企业和高校还能以继续教育为核心，就行业发展和产业转型升级等相关问题定期开展学术交流与研讨，建立集合技术人才、技能人才、专业人才的多层次、宽领域、跨学科的学习与交流机制。

第五节 职业发展规划与社会实践

职业发展规划的出发点是实现刚脱离学生身份的新入职员工的发展，赋予他们职业选择权，使其能做愿意做、希望做的事情，在实际工作中找到生命的意义，并最终将新入职员工的个人发展目标与用人单位的发展目标相统一。而社会实践是引导学生接触社会、了解国情，使理论学习与实践探索结合的良好形式，有助于大学生更新观念，树立正确的世界观、人生观、价值观，对社会主义物质文明建设和精神文明建设也可起到一定的积极作用。用人单位可以充分利用职业发展规划与社会实践两项工具，来实现人才培养的导向目的。

一、用人单位指导下的职业发展规划设计

在用人单位指导下进行的职业发展规划设计，是学生在校园中接受的职业生涯教育的接续，是学生职场生涯教育的起点。指导刚转换身份的新员工设计职业发展规划，为其追求个人的发展提供方向，有助于员工实现自我价值，寻找到生命的意义；有助于稳定员工队伍，留住人才；有助于优化人力资源配置，企业运作顺畅、生产成本降低；有助于让员工个人目标与企业目标融合，实现企业的持续、稳定发展。

用人单位可以通过职工培训中心、网络学习平台、合作院校等传统或新型渠道开展新员工的职业发展规划培训，也可以建立高技能人才培训基地、技能大师工作室等。一般来说，企业在指导员工进行职业发展规划时，需要做到以下工作。

首先，必须帮助员工认清自己。具体包括：从价值取向上认清自己；从知识储备、技能水平和工作适应性认清自己；从个人的特质认清自己，如性格、爱好、兴趣和专长；从未来期望认清自己，即明确在事业中最渴望得到的事物以及内心的愿景。

其次，帮助员工仔细分析，选择同员工个体的能力、个性等要素相符的岗位，同时还要考虑帮助员工在职业通道畅通的客观环境下，寻找更宽阔的职业道路。

最后，协助员工制订短期或中长期的发展计划，并根据实际情况的变化进行修正，与组织的目标协调一致。

二、用人单位指导下的社会实践强化

实践能力是大学生就业能力中的核心。因此,强化大学生社会实践,提高大学生实践能力,是增强大学生就业能力的有效手段。

用人单位指导下的社会实践可以表现为:①用人单位主动加强与学生的沟通和联系,派遣专业技术人员到高校进行"职场讲座"等活动,让学生了解用人单位对人才的需求及具体的岗位要求;②用人单位引导或组织学生主动走出校园了解市场,使学生在参加见习、实习中提高实践能力;③用人单位与高校合作建立实训基地,通过校企双师带徒、工学交替等方式,推进开展订单、定岗、定向式人才培养,让学生掌握实际工作中的关键技能,以更好地适应未来工作需求。

在对大学生进行社会实践强化的过程中,用人单位需要注意以下几个要点:结合我国高质量发展要求,积极为提升学生的实践能力合理设置见习岗位条件;结合自身业务范围和专长,发挥用人单位的主要优势,依托线上线下多种载体,重点挖掘多元岗位信息,为学生提供更多的实践机会;要在学生开展实践之前,了解学生的职业生涯规划及发展需求,从而设计有针对性的实践活动,同时建立跟踪制度,提升学生的积极性、规划性。

第六节 毕业生与用人单位的关系

一、当前大学生的就业思考

在大学扩招后,大学毕业生数量增加,就业压力也逐步加剧。相关调查显示,当代大学生对于自主创业比较慎重,没有充足的条件不会轻易尝试。大学生普遍认为即使当前就业形势不容乐观,但只要自己认真努力、踏实进取就有好的机遇,得到好的工作机会。这反映出大学生"求稳"的就业态度。有些大学生非常热爱自己所学专业,不论形势如何,都不愿意从事与专业毫无关系的工作,不愿放弃自己多年学习而来的知识储备,渴望找到专业相关的工作,以实现自身的价值。一般来说,大学生对理想就业单位的主要要求是,用人单位本身具有发展潜力,能为个人发展提供机会,薪酬待遇合理。

大学生需要从实际出发调整自己的就业期望,转变所谓的"精英意识",在求职过程中不能一味地要求丰厚的薪酬、轻松的职位,更应该考虑自身的兴趣,并将自己放在合适的位置上,以提升就业成功率。

二、毕业生与用人单位的法律关系

从法律上讲,即使与用人单位签订了就业协议,毕业生与用人单位之间也并不存在劳动关系。主要原因有三点：一是毕业生不符合劳动关系"人格从属性"的标准。签订就业协议后，毕业生仍是在籍的学生，理应遵守学校的各项规章制度。毕业生从事用人单位安排的劳动行为的自由必然会受到一定的限制。用人单位也无法实现对毕业生在工作时间内的完全支配和管理。二是毕业生不符合劳动关系"经济从属性"的标准。毕业生签订就业协议后，在正式报到前，通常会被要求先去用人单位实习，用人单位虽然会支付一定的报酬，但通常不足以作为毕业生的主要生活来源。三是毕业生在正式报到前，人事档案仍在学校，也没有派遣证，无法办理派遣手续，用人单位便无法为其缴纳社会保险费用。从这个角度看，也无法认定双方已经建立劳动关系。综上所述，在校期间毕业生的身份仍是学生，不能因为签订就业协议就成为劳动者。毕业生只有在报到并与用人单位正式签订劳动合同后，才能成为法律意义上的"劳动者"。

三、就业协议签订后的义务

作为平等主体的双方当事人，毕业生与用人单位在就业协议缔结过程中应遵循诚信的原则，即真实地向对方陈述与协议有关的情况，承担起相应的义务，互相合作，努力促成协议的成立和生效。

（一）毕业生的义务

毕业生在签订就业协议过程中，需履行如实告知的义务。毕业生应向用人单位如实介绍自己的情况，表明自己的就业意向。鉴于现实中存在用人单位利用其知情权侵犯大学生隐私权等严重情形，如何界定告知义务的范围就显得尤为重要。可以借鉴《中华人民共和国劳动合同法》第8条对劳动者说明义务的规定，将毕业生的告知义务限定在包括学历、学位、专业、健康状况等在内的"与劳动合同直接相关的基本情况"上，以制衡用人单位的"过度知情"。

（二）用人单位的义务

为了保护在就业过程中处于弱势地位的毕业生的合法权益，用人单位承担较多的预约合同义务，具体包括：第一，如实告知的义务。"全国普通高等学校毕业生就业协议书"上注明，用人单位要如实介绍本单位的情况。《中华人民劳动合同法》第8条规定："用人单位招用劳动者时，应当如实告知劳动者工作内容、工作条件、工作地点、职业危害、安全生产状况、劳动报酬，以及劳动者要求了解的其他情况。"这能有效弥补毕业生由于渠道的局限在获取就业信息上的不对称，突出了对其就业权益的保护。第二，安全保障义务。在签订就业协议的过程中，协议的签订时间和地点通常是由用人单位决定的。用人单位在确定签约时间和地点时，应对求职者人身和财产安全给予应有的注意。尤其是当该应聘行为源于用人单位的邀约时，用人单位除了要承担保障该毕业生安全的义务，还应对毕业生为应聘所支付的交通费、住宿费等做出相应的补偿。

（三）保密义务

为了与用人单位顺利地签订就业协议，毕业生在应聘时会将自己有价值的个人信息完全展示给用人单位。出于对毕业生个人隐私权的保护，用人单位对已掌握的毕业生的个人资料负有保密的义务，不得泄露或擅自使用。此外，用人单位不得在签订就业协议的过程中利用自己的优势地位牟取不正当的收益，如向毕业生收取保证金、要求提供就业担保费等，否则即构成对毕业生就业权的侵犯，应承担相应的法律责任。对此，可以比照适用《中华人民共和国劳动合同法》第 9 条的规定。

四、理想就业与就业满意度

（一）学生视角下的理想就业

对于毕业生来说，理想就业的关键词无外乎对口、高薪、稳定。对口即专业对口，毕业生入职后能够充分利用所学知识，为用人单位创造效益，也让自己获得提升。高薪代表一种回报期望。稳定则体现出了毕业生对于工作满意度和幸福感的期待。一般来说，大学生对于理想就业的认知也会受到父母等亲近的人的影响，且随时随地可能发生变化。这也影响到了毕业生就业的方向。

（二）用人单位视角下的毕业生理想就业

社会岗位是由用人单位提供的。用人单位必然希望所雇佣的毕业生拥有较高的综合素质，能够更快地掌握业务、熟悉流程，为单位创造更大的效益。如今，市场人才供需存在矛盾。诸多用人单位面临着"用人难，招人难"的问题，大学毕业生则面对"就业难，理想就业更难"的问题，简单来说，就是找工作的人找不到工作，招人的用人单位招不到人。其根源是用人单位招不到符合自己需求的人才。既如此，企业希望到本单位就业的大学毕业生能够吃苦耐劳、积极上进，通过自己的努力去赚取高薪，而不是刚开始上班就期待马上获得高薪。

（三）用人单位满意度

在实际工作岗位中，用人单位对毕业生有不同的需求。一般来说，影响用人单位满意度的主要是三项指标，即毕业生的基本技能、精神素质以及未来发展潜力。毕业生的基本技能主要是在学校里学习到的知识以及锻炼出的个人能力等。用人单位可以通过毕业生的岗位适应能力、就业实践能力以及专业知识运用能力对基本技能进行考查。毕业生的精神素质主要包括四个方面：诚信意识、敬业精神、奉献精神以及社会责任感。发展潜力需要结合毕业生的创新创造能力、心理素质、学习能力、组织管理能力、团结协作能力、沟通交流能力等进行综合考查。

（四）毕业生满意度

毕业生满意度是毕业生对于目前就业现状的满意程度，可以通过比较毕业生的期望以及实际的感受效果来获取。影响毕业生满意度主要有三个指标，即工作环境、薪资待遇以及职业发展前景。工作环境的好坏主要通过四个要素体现，毕业生对企业文化的满意度、对劳动关系的满意度、对工作条件的满意度以及对福利保障的满意度。它影响着毕业生对就业环境的安全感及对组织的归属感。薪资待遇是毕业生普遍关注的问题，既是毕业生个人价值的体现，也表现了用人单位对毕业生个人能力的认可程度。但是薪资待遇与地区经济发展水平有密切的关系，不同地区的薪资待遇各有不同，可以使用毕业生对相对年薪和绝对年薪的满意程度作为衡量指标。职业发展前景会影响毕业生对自我需求实现的满意程度以及受尊重的满意程度,关系着毕业生在用人单位的未来发展。毕业生对职业发展前景的满意度主要通过四个指标来衡量,即毕业生在用人单位的学习机会多少、在用人单位才能的发挥空间、专业的对口率以及用人单位的晋升发展通道。

第五章

全面加强稳就业政策措施，发挥政府在稳就业中的积极性与主动性

> 解决高校学生就业问题事关人民切身利益和社会和谐稳定，是我国人才强国战略顺利实施的重要依托。近年来，高校毕业生规模屡创新高，五年总量累计达45000多万人。2023年政府工作报告提出，要落实落细就业优先政策，把促进青年特别是高校毕业生就业摆在更加突出的位置，切实保障好基础民生。[1] 国家及政府也进一步加大了帮扶就业的力度。

第一节　国家层面对促进大学生就业的相关政策

国家及政府把以高校毕业生为重点的青年就业放在了就业工作的首位，连续出台了多项促进高校毕业生就业的政策措施，鼓励市场吸纳高校毕业生，大学生基层就业、自主创业，支持新就业形态和多种形式的灵活就业。

一、鼓励市场吸纳

近年来，政府加大市场化就业促进力度。针对求职人数多、岗位供

---

[1] 《政府工作报告（2023）》，人民出版社，2023年版，第55页。

第五章
全面加强稳就业政策措施，发挥政府在稳就业中的积极性与主动性

给少的严峻市场就业形势，政府牵头组织开展"百日千万""千校万岗""国聘行动"等系列招聘活动，采用"直播带岗""无接触面试"等新形式，充分挖掘市场就业潜力。对吸纳高校毕业生就业的企业，政府在贷款贴息、就业社保补贴、扩岗补助等方面给予支持。例如，支持中小微企业更多吸纳高校毕业生就业，按规定给予社会保险补贴、创业担保贷款及贴息、税费减免等扶持政策，对吸纳高校毕业生就业达到一定数量且符合相关条件的中小微企业，在安排纾困资金、提供技术改造贷款贴息时予以倾斜；对招用毕业年度高校毕业生并签订1年以上劳动合同的中小微企业，给予一次性吸纳就业补贴，政策实施期限截至2022年12月31日；建立中小微企业专业技术人员职称评定绿色通道和申报兜底机制，健全职业技能等级（岗位）设置，完善职业技能等级认定机制，落实科研项目经费申请、科研成果等申报与国有企事业单位同类人员同等待遇。

同时，政府也鼓励国有企事业单位按照一定比例招聘高校毕业生，积极营造有利于公平就业的宏观政策法律环境，修改完善劳动法、就业促进法等相关法律规定，对就业歧视相关条款做了进一步细化，进一步明确了就业歧视的内涵、定性及相应的法律责任。人力资源和社会保障部、教育部等也联合发文，禁止招聘单位发布包含就业歧视的信息及各类就业歧视行为，营造公平公正的就业环境。

二、强化基层就业导向

近年来，政府结合实施区域协调发展、乡村振兴等战略，挖掘基层就业社保、医疗卫生、养老服务、社会工作、司法辅助等就业机会，实施了"三支一扶""特岗教师""西部志愿者计划"等基层项目，扩大招募规模，增强基层岗位的吸引力，同时也依靠"城乡社区专项计划""村医专项计划"等扩大基层就业渠道。

相关的优惠政策包括：对到农村基层和城市社区公益性岗位就业的，给予社会保险补贴和公益性岗位补贴；对到农村基层和城市社区其他社会管理和公共服务岗位就业的，给予薪酬或生活补贴；对到中西部地区和艰苦边远地区县以下农村基层单位就业并履行一定服务期限的，由政府补偿学费，代偿助学贷款；对有基层工作经历的，在研究生招录和事业单位选聘时优先录取；对参加"选聘高校毕业生到村任职""三支一扶"等项目的，给予生活补贴，按规定参加社会保险，项目服务期满并考核合格的，报考硕士研究生初试总分加10分，高职（高专）学生可免试入读成人本科。

三、鼓励高校毕业生升学及应征入伍

近年来，政府不断扩大研究生、专升本招生规模，也扩大了毕业生参军入伍人数。对于高校毕业生应征入伍的给予了一系列优惠政策，包括：第一，高校毕业生应征入伍由政府补偿学费，代偿助学贷款；第二，高校毕业生应征入伍在选取士官、考军校、安排到技术岗位等方面优先；第三，高校毕业生应征入伍退役后参加政法院校为基层公检法定向岗位招生考试时，优先录取；第四，高校毕业生应征入伍前具有高职（高专）学历的，退役后免试入读成人本科，或经过一定考核，入读普通本科；

第五，高校毕业生应征入伍退役后报考硕士研究生初试总分加10分，荣立二等功及以上的，退役后免试推荐入读硕士研究生。

四、稳定公共部门岗位规模

2022年，国务院办公厅发布《关于进一步做好高校毕业生等青年就业创业工作的通知》，直接指出2022—2023年，政府将继续稳定机关事业单位招录（聘）高校毕业生的规模；深化落实基层法官检察官助理规范便捷招录机制，畅通政法专业高校毕业生进入基层司法机关就业渠道；支持承担国家科技计划（专项、基金等）的高校、科研院所和企业扩大科研助理岗位规模。其中，高校毕业生担任科研助理参与项目研究期间，享受劳务性费用和有关社会保险补助，户口、档案可存放在项目单位所在地或入学前家庭所在地人才交流中心；聘用期满，根据需要可以续聘或到其他岗位就业，就业后工龄与参与项目研究期间的工作时间合并计算，社会保险缴费年限连续计算。

五、支持自主创业和灵活就业

为支持大学生创业，国家和各级政府出台了许多优惠政策，涉及融资、开业、税收、创业培训、创业指导等诸多方面。具体包括：大学毕业生在毕业后两年内自主创业，到创业实体所在地的工商部门办理营业执照，注册资金（本）在50万元以下的，允许分期到位，首期到位资金不低于注册资本的10%（出资额不低于3万元），1年内实缴注册资本追加到50%以上，余款可在3年内分期到位。大学毕业生新办咨询业、信息业、技术服务业的企业或经营单位,经税务部门批准,免征企业所得税两年;新办从事交通运输、邮电通讯的企业或经营单位,经税务部门批准,第一年免征企业所得税,第二年减半征收企业所得税;新办从事公用事业、商业、物资业、对外贸易业、旅游业、物流业、仓储业、居民服务业、饮食业、教育文化事业、卫生事业的企业或经营单位,经税务部门批准,免征企业所得税一年。

国有商业银行、股份制银行、城市商业银行和有条件的城市信用社要为自主创业的毕业生提供小额贷款,并简化程序,提供开户和结算便利,贷款额度在 2 万元左右。贷款期限最长为两年,到期确定需延长的,可申请延期一次。贷款利息按照中国人民银行公布的贷款利率确定,担保最高限额为担保基金的 5 倍,期限与贷款期限相同。政府人事行政部门所属的人才中介服务机构,免费为自主创业毕业生保管人事档案(包括代办社保、职称、档案工资等有关手续) 2 年;提供免费查询人才、劳动力供求信息,免费发布招聘广告等服务;适当减免参加人才集市或人才劳务交流活动收费;优惠为创办企业的员工提供一次培训、测评服务。以上优惠政策是国家针对所有自主创业的大学生所制定的,各地政府为了扶持当地大学生创业,也出台了相关的政策法规,而且更加细化,更贴近实际。

政府也支持高校毕业生发挥专业所长从事灵活就业,对毕业年度和离校 2 年内未就业高校毕业生实现灵活就业的,按规定给予社会保险补贴。

六、强化对困难家庭高校毕业生的就业援助

政府将有劳动能力和就业意愿的脱贫家庭、低保家庭、零就业家庭高校毕业生,以及残疾高校毕业生和长期失业高校毕业生作为就业援助的重点对象,提供了一系列的就业援助,具体包括以下几个方面。

第一,就业困难和无就业家庭的高校毕业生,享受公益性岗位安置、社会保险补贴、公益性岗位补贴等就业援助政策。

第二,机关、事业单位免收招聘报名费和体检费。

第三,高校可根据实际情况给予适当的求职补贴。

第四,对离校后未就业回到原籍的高校毕业生,由各地公共就业服务机构免费提供就业服务并组织就业见习和职业技能培训。

第五,拓宽就业渠道。促进高校毕业生就业创业行动向建档立卡的贫困家庭毕业生倾斜,优先支持其实现就业创业。国有企业招聘、科研助理岗位吸纳、"三支一扶"、城镇社区专职工作人员等基层服务项目招募,要在同等条件下优先录用建档立卡的贫困家庭毕业生。各地有关职能部门要加强与编制部门的沟通联系,争取编制资源,对尚未完成事业单位招聘计划或追加招聘计划的,可拿出一定数量的岗位面向建档立卡的贫困家庭毕业生。对难以就业的建档立卡的贫困家庭未就业毕业生,按专业类别国有企业优先招聘;由户籍所在地政府定向招聘、兜底安置,确保年底前全部实现就业。要完善信息精准推送机制,向每名贫困家庭毕业生推送3～5个符合其需求的针对性岗位,并向用人单位重点推荐。

第六,提供精准帮扶。各级公共就业人才服务机构要将离校未就业

贫困家庭毕业生全部纳入实名制服务，列出就业需求清单、帮扶清单，量身定制求职计划，实施"一对一"帮扶。要组织职业指导师为贫困家庭毕业生讲解就业形势政策、职业规划、求职技巧等。依托实名制动态就业服务系统等为其提供职业指导、岗位信息、创业帮扶、就业见习等精准化、不断线服务。扎实组织开展大中城市联合招聘活动，举办针对贫困家庭毕业生的小型供需对接活动。对通过市场化渠道难以实现就业创业的，利用新增见习岗位和管理类公益性岗位进行兜底安置。

第二节 地方政府促进高校毕业生本地就业的对策和研究

一、毕业生在就业时面临的困难

目前，高校毕业生在就业时会面临各种困难。导致这些困难产生的原因主要包括以下几点。

第一，就业政策落实不佳。虽然地方政府出台了很多促进高校毕业生就业的政策，但这些政策在实施的过程中还存在很多阻碍。例如，高校毕业生对政策的解读不到位，没有主动申请补贴；存在政策享受主体的资格限制，能够真正符合政策条件的高校毕业生相对有限。

第二，人才市场供需矛盾。近年来，地方高校毕业生的数量逐渐增

第五章 全面加强稳就业政策措施，发挥政府在稳就业中的积极性与主动性

加，而人才市场当中的岗位数量却不断减少，出现了供大于求的现象，无疑增加了高校毕业生的就业竞争压力，对他们的顺利就业造成了不利影响。

第三，就业市场制度约束不足。当前，就业市场仍存在一些不规范的现象，如劳动用工混乱、劳动关系不稳定等。这可能导致高校毕业生遭遇被侵权、被诈骗等不良经历，不仅影响就业率，同时还会削弱毕业生的就业积极性。

第四，缺乏有效联动机制。要解决高校毕业生就业问题，高校、用人单位以及地方政府要形成联动机制。但现阶段许多地方的劳动就业服务机构、教育厅就业主管部门与用人单位、高校等之间的联系还不够密切，学生、高校与用人单位之间存在信息不对称的情况，政府部门也无法真正了解学生的就业现状。

第五，地区经济发展不平衡不充分。学生会倾向于选择经济发达、就业机会多的地区就业。而那些经济欠发达地区本身的就业条件就比较差，对人才的吸引力也比较弱，长此以往与其他地区的发展差距将进一步被拉大。

第六，就业市场法律法规的不完善。当前，地方政府虽然出台了相应的制度来对学生的就业予以支持，但关于高校毕业生就业市场规范方面的法规仍不够完善，导致高校毕业生在就业过程中可能遭遇竞争不合理、就业歧视等问题，成为他们成功就业的阻碍。

二、地方政府促进地方高校毕业生本地就业

(一) 地方政府促进地方高校毕业生本地就业的建议

第一，加强政府引导。在高校毕业生本地就业的过程当中，地方政府的指导和支持非常重要。地方政府要进一步加强对高校毕业生就业创业的引导，给予相应的支持与帮助，为他们营造良好的就业创业环境。为实现这个目标，地方政府可以从高校毕业生的实际需要着手，在相关的政策制定上给毕业生提供更有针对性的保障，帮助他们扫清就业路上的阻碍。同时，地方政府要大力推进产教融合，鼓励并支持公共实训基地建设，立足于地方产业基础现状和未来重点产业发展方向，加强校企互动合作。政府要通过积极引导、有效扶持等方式来提升高校毕业生的就业率。

第二，加大住房补贴力度。由学校踏入社会之后，高校毕业生面临的首要问题就是住房。为了促进高校毕业生本地就业，地方政府要进一步加强毕业生的住房保障力度，确保政策落实到位，帮助毕业生解决住房问题。除了为他们提供相关的住房信息之外，还要适时加大在住房补贴等生活成本支出方面的补助力度，帮助高校毕业生渡过这段特殊的时期。

第三，建设公共就业服务平台。公共就业服务平台可以为高校毕业生提供多样化的服务，解决就业信息不对称等问题，帮助毕业生找到符合自己需要的就业机会。公共就业服务平台还可以助推学校、用人单位以及政府多向联动，为高校毕业生及时提供丰富的就业资源，帮助用人单位

更加精准地找到需要的人才,让当地政府掌握准确的毕业生就业信息。

第四,加强职业技能培训。高校毕业生个人的技能和素质也是影响就业的重要因素。为了提高就业率,地方政府要为毕业生提供更多的社会实践和实习机会,使他们提前了解心仪行业的特点、岗位的需求,早日实现自我能力的提升,提高与岗位的匹配度。

第五,完善法律法规体系。为了更好地带动就业,地方政府还需要完善相应的法律法规,提供完善的社会保障服务。一方面,要完善各项社会保险制度,扩大社会报销的范围,另一方面,要加强对社会保险的管理,促进保险经办与管理的规范化和专业化,从而切实保护高校毕业生在就业之后的基本权利,提高其就业创业的积极性。

第六,强化社会监督。地方政府在与当地企业建立良好合作关系、构建联动机制之外,还需要发挥社会监督的职能来提高高校毕业生的本地就业率。政府监督部门需要做好层层把关,将就业促进政策的作用最大限度地发挥出来,保证各项就业举措的落实,使得各个职能部门将高校毕业生本地就业放在重要的地位上,增强政策实施能力。

参考文献

一、专著

[1] 赵天睿，白洪涛，司卫乐.大学生就业指导[M].长沙：湖南师范大学出版社，2015.

[2] 林彬.中美学生事务管理的比较[M].北京：知识产权出版社，2014.

[3] 梅新林，周瑞法.教育文化学[M].北京：光明日报出版社，1998.

[4] 朴雪涛.重建中国精英高等教育[M].哈尔滨：黑龙江人民出版社，2002.

[5] 中央教育科学研究所国际比较教育研究中心.中国教育竞争力报告.2010[M].北京：教育科学出版社，2011.

[6] 中共中央党史和文献研究院.十八大以来重要文献选编 下[M].北京：中央文献出版社，2018.

[7] 国务院研究室编写组.十三届全国人大五次会议《政府工作报告》辅导读本[M].北京：人民出版社，中国言实出版社，2022.

[8] 张英莉.大学生心理健康教育[M].北京：北京理工大学出版社，2019.

[9] 陈刚，张玉.大学生心理健康教育[M].上海：上海交通大学出版社，2019.

[10] 丁新胜.大学生心理健康教育[M].郑州：河南大学出版社，2017.

[11] 习近平.高举中国特色社会主义伟大旗帜 为全面建设社会主义现代化国家而团结奋斗——在中国共产党第二十次全国代表大会上的报告[M].北京：人民出版社，2022.

[12] 邓小平.邓小平文选 第二卷[M].北京：人民出版社，1994.

[13] 中共中央文献研究室.改革开放三十年重要文献选编 上[M].北京：中央文献出版社，2008.

[14] 王元福.大学生就业创业教育[M].北京：北京理工大学出版社，2020.

[15] 刘巍，袁元.名人修身名言录[M].哈尔滨：北方文艺出版社，2005.

[16] 汤丽桃.指导你人生的名人名言[M].北京：蓝天出版社，2011.

[17] 郭太风.王云五评传[M].上海：上海书店出版社，1999.

[18] 周彤，姜艳，马兰芳 . 职业心理素养 [M]. 南京：南京师范大学出版社，2017.

[19] 陈晓莉，尹浩亮 . 中国建设应用科技大学的研究与实践 [M]. 天津：南开大学出版社，2016.

[20] 刘志勇，刘宝成 . 微观经济学 [M]. 北京：经济管理出版社，2022.

[21] "宝安模式"课题组 . 中国职业教育"宝安模式" [M]. 北京：人民出版社，2011.

[22] 习近平 . 论坚持全面依法治国 [M]. 北京：中央文献出版社，2020.

二、报刊

[1] 郑晓明 . "就业能力"论 [J]. 中国青年政治学院学报，2002（05）.

[2] 王腊梅 . 当代大学生核心就业能力培养与提升 [J]. 现代商贸工业，2016（07）.

[3] 熊书银，黄登婕 . 大学生就业与就业能力培养 [J]. 重庆工业高等专科学校学报，2005（01）.

[4] 温玲子，魏雷 . 美国大学生就业服务体系及其对我国的启示 [J]. 文教资料，2010（05）.

[5] 周红，夏义堃 . 英国高校就业指导服务的发展启示 [J]. 江苏高教，2006（05）.

[6] 王占仁 . 英国高校学生就业服务体系的启示与思考——以英国里丁大学和巴斯大学为个案 [J]. 中国高教研究，2010（10）.

[7] 陈瑞武，曲铁华 . 日本大学生就业管理体制和职业指导现状及启示 [J]. 中国高教研究，2005（01）.

[8] 张冕 . 关于高校就业指导课教学工作的思考 [J]. 思想政治教育研究，2008（03）.

[9] 程克坚 . 新形势下构建高校多元化就业指导体系的思考 [J]. 教育探索，2007（07）.

[10] 周太良 . 试论新形势下高校就业工作机制的创新 [J]. 教育与职业，2006（27）.

[11] 冯玲，李博伟 . 新常态下高校就业管理工作创新的策略与方法 [J]. 高等财经教育研究，2015（03）.

[12] 柯羽.高校毕业生就业质量评价指标体系的构建[J].中国高教研究,2007(07).

[13] 王霆.我国高校毕业生就业质量影响因素调查研究[J].高教探索,2015(11).

[14] 焦勇.大学生就业困难的深层原因剖析[J].教育与职业,2011(14).

[15] 史辉.政府促进高校毕业生就业的作用及其实现途径[J].南都学坛,2010(01).

[16] 刘中合,杨鲁宁,尹磊昌,等.金融危机视角下大学生就业问题研究与探索[J].山东工商学院学报,2010(04).

[17] 郑晓芳,张静.贫困大学生综合能力现状调查分析[J].当代教育论坛(上半月刊),2009(12).

[18] 侯明昌.大学生专业能力素质的培养与提升[J].人才资源开发,2022(06).

[19] 刘勤,刘冬兰.在校大学生创新创业能力现状与提升研究——以G高校为例的调查[J].大学教育,2020(02).

[20] 安佳,侍术凯,卢扬.民办高校大学生创新创业能力现状、影响因素及培养机理研究——基于吉林省1398份调查数据[J].统计与管理,2020(07).

[21] 王博,姜云超,吕卉,等.产业需求视角下工科大学生就业能力的自我认知和用人单位评价[J].中国大学生就业,2023(05).

[22] 黄存良,程利娜.不同群体对大学生就业能力的认知差异及其比较[J].教育与职业,2016(21).

[23] 谭伍荣.当代大学生如何加强自省自律[J].现代职业教育,2019(22).

[24] 班梦姣,王永杰.提高大学生环境适应能力的方式方法[J].中国教育技术装备,2012(36).

[25] 樊文有,徐迅,石来德.高校毕业生人力资本信号在就业市场中的效用研究[J].教育与经济,2011(03).

[26] 杨茜.浅谈大学生就业能力提升——基于高校、政府、用人单位视角[J].现代企业教育,2010(08).

[27] 魏红.校企共建职业能力标准的探索与实践[J].教育与职业,2008(18).

[28] 廖胜刚.创新实践教学:对接高校人才培养模式与就业市场需求[J].当代教育论

坛，2005（01）．

[29] 罗炳昌．评述《劳动力市场的信号传递》[J]．全国商情（经济理论研究），2014（20）．

[30] 陈哲夫，陈端吕，彭保发．基于多主体协同创新的地方高校课程体系研究[J]．教育现代化，2019（83）．

[31] 郭裕湘，农映恬，马宁，等．基于用人单位需求的高校MPAcc人才职业能力培养研究[J]．广西教育，2021（35）．

[32] 高扬．校企合作培养模式下新时代大学生责任意识研究[J]．中外企业文化，2021（11）．

[33] 谭灿娇．浅谈当代大学生责任意识的培养[J]．当代教育实践与教学研究，2016（05）．

[34] 杨邦勇．当代大学生就业能力提升研究[J]．龙岩学院学报，2007（04）．

[35] 白阳，刘益军，漆自名，等．进一步推进人力资源制度体系建设的思考[J]．经营管理者，2020（11）．

[36] 佟璐．企业人力资源管理的制度构建[J]．黑龙江科学，2018（11）．

[37] 朱海灵．胜任力理论视角下高校毕业生就业能力提升研究——基于南京理工大学毕业生用人单位调查[J]．中国大学生就业，2021（22）．

[38] 韩旭．企业与高校联合实现"人才共育"的继续教育模式研究[J]．中国成人教育，2017（07）．

[39] 马瑄．高校就业协议中用人单位与毕业生法律关系解构[J]．黑龙江高教研究，2016（08）．

[40] 钱云．三方满意度评估下的高校毕业生就业质量探讨[J]．四川省干部函授学院学报，2017（01）．

[41] 王辉．高校毕业生就业实习基地建设浅析[J]．科学咨询（决策管理），2008（09）．

[42] 刘海滨，杨晓慧．高校大学生智慧就业服务体系构建研究[J]．思想政治研究，2018（02）．

[43] 牛欣欣.地方高校大学生就业能力的困境与对策[J].吉林广播电视大学学报，2016（10）.

[44] 林辉.大学生就业能力提升的思考与对策[J].黑龙江高教研究，2011（09）.

[45] 张东亮，李久晶，宋艳娜.大学生缺乏创新意识的原因及策略[J].戏剧之家，2018（08）.

[46] 张嘉倩.地方政府促进高校毕业生本地就业的对策研究[J].现代商贸工业，2021（20）.

[47] 郑旻怡.试论高等教育大众化中的教育公平性问题[J].福建商业高等专科学校学报，2007（02）.

[48] 王志宇.大学生就业能力存在的问题与提升策略分析[J].产业与科技论坛，2017（01）.

[49] 龚乐，魏长龙.地方应用型本科院校大学生就业能力现状及融入创新创业教育的培养路径研究[J].科教导刊（中旬刊），2020（26）.

[50] 佟璐.企业人力资源管理的制度构建[J].黑龙江科学，2018（11）.

[51] 韩旭.企业与高校联合实现"人才共育"的继续教育模式研究[J].中国成人教育，2017（07）.

[52] 孙宏艳.职业生涯规划教育：帮大学生找到发挥自我潜能的路径[N].光明日报，2020-12-15.

三、毕业论文

[1] 苏敏.英国高校提升大学生就业力的策略研究[D].长春：东北师范大学，2007.

[2] 贺艳荣.基于扎根理论的中国大学生就业能力研究[D].大连：大连理工大学，2010.

[3] 朱世一.地方本科高校就业现状及对策研究——以河北省为例[D].石家庄：河北师范大学，2011.

[4] 杨晓南. 北京市某高校大学生就业能力研究 [D]. 北京：北京交通大学，2011.

[5] 赵冬. 大学生就业能力自评量表的初步编制 [D]. 成都：四川师范大学，2009.

[6] 丁莉. 大学生创新创业能力现状调查及提升策略——以Z大学为例 [D]. 郑州：郑州大学，2021.

[7] 刘炜瀚. 高校毕业生就业促进的法律与政策研究 [D]. 兰州：西北民族大学，2021.

[8] 刘群弟. 我国大学生实践能力欠缺的成因及对策研究 [D]. 南昌：南昌大学，2008.

四、网络资料

[1] 教育部网站. 我国高等教育进入普及化阶段 [EB/OL]. http://www.moe.gov.cn/jyb_xwfb/s5147/202301/t20230111_1038961.html.

[2] 教育部网站. 我国受教育权保障水平显著提升 [EB/OL]. http://www.moe.gov.cn/jyb_xwfb/s5147/202108/t20210813_550912.html.

[3] 教育部网站. 教育部人力资源和社会保障部部署做好2023届全国普通高校毕业生就业创业工作 [EB/OL]. http:// www.moe.gov.cn/jyb_xwfb/gzdt_gzdt/moe_1485/202211/t20221115_991529.html.

[4] 中国政府网. 教育部关于做好2022届全国普通高校毕业生就业创业工作的通知 [EB/OL]. https://www.gov.cn/zhengce/zhengceku/2021-11/21/content_5652326.htm.

[5] 杜丁，方芳. 大学生就业状况调查显示 冷门专业更容易找工作 [EB/OL]. https://news.sina.com.cn/c/2006-07-17/02339476703s.shtml.

[6] 陈冰. 专业设置不合理仍然是大学就业"拦路虎" [EB/OL]. https://view.inews.qq.com/k/20230712A04FL700?no-redirect=1&web_channel=wap&openApp=false.

[7] 中国政府网. 教育部等五部门关于印发《普通高等教育学科专业设置调整优化改革方案》的通知 [EB/OL]. https://www.gov.cn/zhengce/zhengceku/2023-04/04/content_5750018.htm.

[8] 中国新闻网.陈宝生：在升学压力下学校体育有"边缘化"的危险[EB/OL]. https://baijiahao.baidu.com/s?id=1624078645187508036&wfr=spider&for=pc.

后 记

我在四川师范大学已工作十七年，先后在继续教育管理部门、行政机关、学院以及科研平台工作。本书的初稿是我在四川师范大学计算机科学学院从事学生管理工作期间完成的。因工作调动，我到四川师范大学巴蜀文化研究中心工作后继续修改稿件，直至定稿，历时三年半。

研究大学生就业能力虽与本职工作有关，但我动笔后总感心有余而力不足，常为此惶恐不安。就业能力是什么？关于提升就业能力，我应该做怎样的研究？这是我在研习之路上的困扰与疑惑。对此，我不厌其烦地请教周围的师者、学友。成都文理学院刘传金老师常与我沟通，分享其十余年的学生管理和教学工作经验以及对学生能力培养的见解；四川师范大学计算机科学学院辅导员董光、潘星星、谢馥薇三位老师为我提供大量学生能力培养和就业管理等方面的材料；专任教师周维曦、王玲二位老师为我提供学科建设和专业培养方面的材料；马晓红副书记与我分享其三十余年的学生管理与学生能力培养的经验与研究成果。经过与师友们的沟通、交流，我逐渐地有了许多自己的思考，并将其整理与记录下来，本书的框架结构也得以逐步形成，研究内容得以日益清晰。三年多的时间里，师友们的鼓励和帮助坚定了我在大学生就业能力提升方面的研习与求索，也因此有了拙作的出版。

撰写过程中，除了结合学院、学校学生就业管理方面的工作实际外，我还查阅了大量资料和近年来的就业相关数据。我本期望通过本书系统地探讨大学生就业能力提升的方方面面，但限于个人能力，这本小书远远没有做到这一点。书中多是对老问题的探索，罕见新的创见，我对此颇感遗憾。

自古以来做学问并非易事，特别是在当下，幸得家人积极为我提供看书、撰文的便利条件，让我能全身心投入自己喜欢的研究中。感谢父母、妻子、儿子对我工作的理解，谢谢你们的包容与支持。

本书得以出版，还要感谢四川师范大学计算机科学学院本科学生王顺丹、鹿明雨，文学院研究生曾子芮帮助我整理资料；感谢四川师范大学人文社科处陈佑松处长，学科规划与建设处汪必琴处长、罗文强副处长，马克思主义学院陈驰院长对我的鼓励与肯定，特致以诚挚谢意。

廖洪文

2023 年 9 月于蓉城东门菱窠